Heike Jung

Kinder lernen Haustiere kennen

Ein Arbeitsbuch mit Steckbriefen, Sachgeschichten, Rätseln, Spielen und Bildkarten

Verlag an der Ruhr

Impressum

Titel
Kinder lernen Haustiere kennen
Ein Arbeitsbuch mit Steckbriefen, Sachgeschichten, Rätseln, Spielen und Bildkarten

Autorin
Heike Jung

Umschlagmotive
Aquarium: © Henry Bonn; Meerschweinchen: © Carola Schubbel; Katze: © jerome Dillard; Hund: © Dominik Pfau; Ratte: © Igor Normann; Frettchen: © namahage; Chinchilla: © Virginie Soucaze; Bartagame: © henryart – alle Fotolia.com;
Kaninchen: © Eve; Wellensittich: © dieter76; Schildkröte: © dule964 – alle stock.adobe.com;

Illustrationen
Astrid Wilkesmann; ansonsten siehe Copyrighthinweise

Druck
Heenemann GmbH & Co. KG, Berlin, DE

Verlag an der Ruhr
Mülheim an der Ruhr
www.verlagruhr.de

Geeignet für die Altersstufen 4–8

ISBN 978-3-8346-0703-4

Inhaltsverzeichnis

Inhaltsverzeichnis

Komm, wir spielen!

Tier-Massagen

Anhang

Vorwort

Liebe Leser*,

seit einigen Jahren organisiere ich Walderlebnisausflüge für Kinder. Dabei spürte ich immer wieder ein **großes Interesse der Kinder an der Lebensweise von Tieren**. Bald merkte ich, dass die Informationen aus Tiersachbüchern und Naturführern bei den Kindern schnell in Vergessenheit geraten, da sie ausschließlich die kognitive Ebene ansprechen. Daher entwickelte ich ein **ganzheitliches Konzept**, um den Kindern auf spielerische und lebendige Weise die Lebensgewohnheiten von Tieren nahezubringen. Die vielfältigen, manchmal nicht ganz einfachen Sachinformationen erreichen sie dadurch auf eine anschauliche und kindgerechte Art. Spaß und Lernen werden auf eine ideale Weise verbunden. 2007 erschien mein erstes Buch „Kinder lernen Waldtiere kennen" (Best.-Nr. 60244), 2008 folgte das zweite „Kinder lernen Tiere aus Feld und Wiese kennen" (Best.-Nr. 60359) und 2009 das dritte „Kinder lernen Tiere an Teichen und Bächen kennen" (Best.-Nr. 60552). Das Ihnen vorliegende Buch ist nach dem gleichen Konzept erstellt wie meine drei anderen Bücher aus dieser Reihe. Es ist für alle Kinder im Alter von etwa **4–8 Jahren** geeignet. Sie können es im Kindergarten, in der Grundschule, in der Ganztagsbetreuung oder in Freizeitgruppen einsetzen, aber auch in der Familie.

Aufbau des Buches

Zu jedem der insgesamt 12 Tiere finden Sie einen **Steckbrief**, ein **Ausmalbild** und eine **Bildkarte** sowie eine **Sachgeschichte** mit passendem **Quiz** (Textquiz und Bilderquiz), eine **Bewegungsgeschichte** und **Spiele**. Eine Einleitungsgeschichte motiviert die Kinder, mehr über das Verhalten der Tiere zu erfahren. Die **Massagen** dienen dem entspannenden Ausklang.

* Aus Gründen der besseren Lesbarkeit haben wir in diesem Buch durchgehend die männliche Form verwendet. Natürlich sind damit auch immer Frauen und Mädchen gemeint, also Lehrerinnen, Schülerinnen etc.

→ Bildkarten

Die Bildkarten eignen sich gut, um das **Interesse** der Kinder an den Tieren zu wecken. Sie erzählen dann gerne, was sie schon über das Tier wissen. Wenn Sie die Karten auseinanderschneiden und laminieren, sind sie vor Verschmutzung geschützt. Die Karten können auch als Anregung zur farbigen Gestaltung der Ausmalbilder dienen.

→ Tiersteckbriefe und Ausmalvorlagen

Die Steckbriefe geben Ihnen einen **schnellen Überblick** über die Lebensgewohnheiten der Tiere. Durch die Gliederung in 12 Stichpunkte ist es auch möglich, gezielt etwas nachzuschlagen.
Ältere Kinder können die Steckbriefe eventuell schon selbst lesen. Zu jedem Tier finden Sie hier auch eine **Ausmalvorlage**. Die Angaben folgen zuverlässigen Quellen. Haustiere haben, ähnlich wie Menschen, ihre eigene Persönlichkeit, zudem gibt es oft zahlreiche unterschiedliche Rassen. Aus diesem Grund kann sich das Verhalten der Haustiere voneinander unterscheiden. Tiere halten für uns Menschen immer Überraschungen bereit!

→ Sachgeschichten und Quiz

Die Sachgeschichten **erzählen in kindgemäßer Form von wichtigen Verhaltensweisen** der Tiere. Ich habe die Erfahrung gemacht, dass Kinder, die bereits recht gut lesen können, die Texte auch gerne eigenständig lesen – selbst wenn sie relativ lang sind. Mit Hilfe des Quiz können Sie anschließend überprüfen, welche Informationen bei den Kindern „hängen geblieben" sind. Die **Quiz-Seiten beziehen sich immer auf die Sachgeschichte,** nicht auf den Steckbrief.
Kinder, die schon lesen können, können die Textquiz-Seite selbstständig bearbeiten. Kindern, die noch nicht lesen können, sollten Sie die Geschichte vorlesen und ihnen anschließend die Quizfragen mündlich stellen. Je nach Fähigkeiten der Kinder können Sie dazu das **Text- oder das Bilderquiz wählen**. Im Bilderquiz werden die möglichen Antworten in Form von Zeichnungen dargestellt, die Fragen sind etwas einfacher.

Vorwort

Daher kann diese Variante auch von den jüngeren Kindern gut durch Ankreuzen der richtigen Zeichnung gelöst werden.
Die Fragen im Textquiz können mehrere richtige Lösungen haben, im Bilderquiz ist jeweils nur eine Antwort richtig. Die **Lösungen** finden Sie im hinteren Teil des Buches, auf S. 166.

→ *Bewegungsgeschichten*

In den Bewegungsgeschichten dürfen Sie und die Kinder selbst in die Rolle der Tiere schlüpfen. Dabei ist es wichtig, dass Sie **eindrucksvolle Gestik, Mimik und Sprache** einsetzen. Je mehr Sie selbst in die Rolle des Tieres schlüpfen, desto begeisterter werden die Kinder mitmachen und desto mehr behalten sie von dem Gehörten. Achten Sie darauf, den Text so **langsam vorzutragen**, dass die Kinder mit ihren Bewegungen folgen können. Am besten lernen Sie ihn auswendig oder nehmen ihn auf eine Kassette oder CD auf. So können Sie die Bewegungen gut demonstrieren. Hilfreich ist es auch, die Bewegungsgeschichten mit einem Helfer durchzuführen, der entweder den Text vorträgt oder die Bewegungen vormacht.

→ *Spiele/Rollenspiele*

Fast alle Spiele sind so gestaltet, dass Sie sie sowohl mit **sehr wenigen Teilnehmern** als auch mit **größeren Gruppen** spielen können. **Selbsterfahrung und die Freude am gemeinschaftlichen Erleben** stehen dabei im Vordergrund. Bei den Rollenspielen können die Kinder erfahren, was Tierbesitzer mit ihren echten Haustieren spielen können.

→ *Massagen*

Nicht nur Erwachsenen tun Massagen gut. Auch viele Kinder genießen diesen wohltuenden Körperkontakt. Um die Massagen möglichst kindgerecht zu gestalten, habe ich diese **mit Tiergeschichten verbunden**. Das macht den Kinder Spaß, und sie haben weniger Hemmungen, sich zu berühren. Weitere Erläuterungen zur Durchführung finden sich direkt im Massageteil.

Wie ich vorgehe

Wenn Sie den Kindern gezielt die Lebensweise eines Tieres nahebringen möchten, dann gehen Sie am besten auf folgende Weise vor. Wählen Sie oder die Kinder ein Haustier aus, beispielsweise den Hund. Fragen Sie die Kinder nach **ihren Erfahrungen** mit dem Tier, und lesen Sie dann die **Sachgeschichte** vor. Ältere Kinder können die Geschichte auch selbst lesen. Nach dem Vorlesen lösen die Kinder je nach Alter mündlich oder schriftlich die **Quizfragen** zum Hund. Anschließend können die Kinder mit Hilfe der Hund-**Bewegungsgeschichte** in die Rolle von Hund (und Herrchen) schlüpfen. Wählen Sie dann eines der Hunde-Spiele (beispielsweise „Hunde spielen Fußball“) aus. Die **Massage** „Beim Tierarzt“ sorgt für einen entspannenden Ausklang.
Die Inhalte des Buches können Sie aber auch **flexibel und unabhängig** voneinander einsetzen. Sie können einzelne Sachgeschichten, Bewegungsgeschichten, Spiele oder Massagen frei auswählen und durchführen.
Um mit dem vorliegenden Buch zu arbeiten, ist es grundsätzlich **nicht erforderlich, sich zusätzliche Tiersachbücher oder Heimtier-Ratgeber anzuschaffen**. Wenn Sie dennoch anderes Bildmaterial einsetzen möchten oder weiterführende Informationen suchen, finden Sie in der Literaturliste (S. 167) einige Anregungen. Auch öffentliche Leihbüchereien bieten häufig schöne Tiersachbücher an.

Viel Spaß und eine „tierisch“ gute Zeit
wünscht Ihnen
Heike Jung

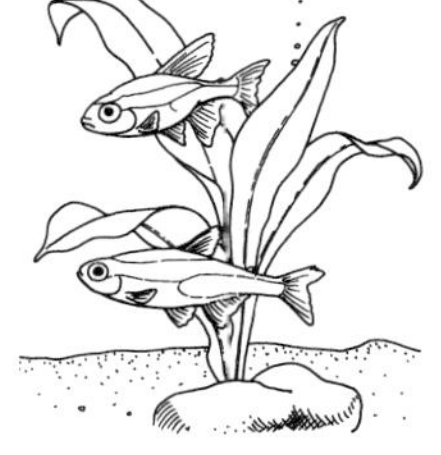

12 Haustiere

- → ***Steckbriefe***
- → ***Sachgeschichten***
- → ***Quiz-Seiten***
- → ***Bewegungsgeschichten***

Haustiere besuchen die Schule

Einführungsgeschichte

Heute ist ein besonderer Tag für die Schüler der Klasse 2c. Einige Kinder dürfen ihre Haustiere in die Schule mitbringen. Lisa und ihr Freund Fabian spazieren gerade in den Schulgarten. „Hallo Natalie", ruft Lisa fröhlich, „wo krabbeln denn deine langsamen Schildkröten?" „Toni und Lisl sind überhaupt nicht langsam", antwortet Natalie ein wenig beleidigt, „seht doch selbst, wie flott sie über die Steine klettern." Lisa und Fabian schauen sich die Landschildkröten interessiert an. Tatsächlich! Langsam sind diese gepanzerten Tiere wirklich nicht! „Ich wusste gar nicht, dass sich Schildkröten so schnell bewegen können", wundert sich Fabian. „Die beiden konnten sich heute schon in der Sonne erwärmen", erklärt ihnen Natalie, „deshalb stapfen sie schon so eifrig herum. Ist es dagegen außen kalt, dann rühren sie sich kaum." Toni und Lisl umrunden gerade einen leckeren Salat im Gemüsebeet. Hungrig beißt Toni ein Stück Salat ab. „Hat die Schildkröte eigentlich Zähne zum Kauen?", will Lisa wissen. „Nein, Schildkröten haben keine Zähne. Sie reißen ihre Nahrung mit ihren scharfkantigen Hornschneiden am Maul ab", erklärt Natalie ihren Mitschülern und streicht Toni über seinen braungelb gemusterten Panzer. „Schildkröten sind wirklich schöne Tiere", meint Lisa.

Gerade kommen viele andere Kinder in den Schulgarten. „Jetzt wird es voll", lacht Fabian, „komm Lisa, lass uns die Kaninchen und Meerschweinchen im Klassenzimmer besuchen."
Die beiden verabschieden sich von Natalie und laufen los zum Klassenzimmer.
Hier angekommen, schauen sie sich erstaunt um. Alle Tische und Stühle sind beiseite geräumt. Zwei Meerschweinchen mit struppigen Haaren und drei weißschwarze Kaninchen hoppeln fröhlich über Schachteln und Kisten und kriechen durch selbstgebastelte Tunnel.
„Hallo Anna", begrüßt Lisa ihre Klassenkameradin, „gehören die ganzen Tiere dir?" „Ja, mir und meinem Bruder", erwidert Anna, „jetzt im Sommer halten sich unsere Tiere normalerweise in unserem Gartengehege auf, aber unsere Lehrerin meinte, ich soll sie sicherheitshalber im Zimmer laufen lassen, damit keines auf dem Schulhof abhaut."
Vorsichtig nähert sich Fabian einem Kaninchen und streichelt es sanft hinter den Ohren. „Die sind ja wirklich putzig", schwärmt Lisa und nimmt ein Meerschweinchen auf den Arm. „Kann man mit Kaninchen auch spielen?", möchte Fabian wissen. „Ja, ich zeig euch, was ich Molly, unserem Kaninchen, beigebracht habe", ruft Anna sogleich und holt eine Schnur mit einem Stück Karotte daran heraus. Anna lässt die Karotte vor Mollys Gesicht baumeln. Das Kaninchen schnüffelt neugierig an dem Leckerbissen. Anna hält nun die Karotte über eine Schachtel und ruft „Hopp". Daraufhin springt Molly über das Hindernis. „Bravo", ruft Fabian begeistert, und Lisa klatscht in die Hände. Als Belohnung darf Molly die Karotte auffressen.

Haustiere besuchen die Schule

Einführungsgeschichte

„Nun zeige ich euch noch den „Dreh-dich-Trick mit meinem Meerschweinchen“, kündigt Anna stolz an. Sie nimmt ein Stück Gurke in die Hand und setzt sich vor das Meerschweinchen. Nun führt sie ihren Finger langsam im Kreis um das Meerschweinchen herum und ruft „Dreh dich, dreh dich“. Das Meerschweinchen dreht sich einmal um sich selbst. Zur Belohnung erhält es das Gurkenstückchen.
Lisa und Fabian klatschen Beifall. „Das ist ja wirklich zirkusreif“, lobt Fabian.
Die beiden bedanken sich bei Anna für die interessante Vorführung und eilen auf den Pausenhof. Svenja hat nämlich versprochen, ihren Hund Kara mitzubringen. Gerade fliegt ein Ball über ihre Köpfe hinweg. „Bring den Ball!“, ruft Svenja von Weitem, und ein kleiner Hund rennt bellend dem Ball hinterher. Kara packt den Ball mit ihrem Maul, rennt zu Svenja zurück und wirft ihr den Ball vor die Füße.
„Brav gemacht, Kara“, lobt sie ihr Hündchen und krault ihr den Kopf. „Papa, wir könnten doch mit den Kindern und Kara das Leckerli-Versteckspiel spielen“, schlägt Svenja ihrem Vater vor. „Gute Idee“, erwidert der Vater, und Svenja verteilt aus einem Beutel an die herumstehenden Kindern Futterstückchen. Auch Lisa und Fabian bekommen ein paar Stücke in die Hand gedrückt. „Jetzt dürft ihr die Leckerchen für Kara auf dem Rasen verstecken“, erklärt Svenja ihren Mitschülern. Während die Kinder eilig die Leckerchen verteilen, bleibt Kara brav bei Svenja und ihrem Vater sitzen. Nachdem alles versteckt ist, gibt Svenja den Suchbefehl: „Such die Leckerchen, Kara, such!“ Sogleich rennt Kara los und schnüffelt neugierig im Rasen. „Sie hat eins entdeckt“, ruft eines der Kinder, „und jetzt noch eins!“ Hunde haben einen sehr guten Geruchssinn, viel besser als wir Menschen“, erklärt Senja den Kindern. Tatsächlich, nach einer Weile hat Kara alle Leckerchen aufgespürt und verschlungen.

Plötzlich schnüffelt etwas an Lisas Hosenbein. Ist da wohl noch ein Hund zu Besuch? Neugierig dreht sich Lisa um und blickt auf zwei seltsame Tiere, die von einem Jungen an der Leine geführt werden. „Wer seid ihr denn?“, fragt Lisa verblüfft, „vielleicht Riesenratten?“ Der Junge muss herzhaft lachen: „Ha-ha, das sind doch keine Ratten, sondern Frettchen.“ Auch die anderen Kinder scharen sich neugierig um die ungewöhnlichen Haustiere. Die beiden Frettchen spielen Fangen und purzeln übereinander. Nun fangen sie auch noch an, mit ihren spitzen Krallen zu graben. „Fritzchen und Friedhelm buddeln, so wie ihre Vorfahren, die Iltisse, gerne nach Mäusen“, erklärt der Junge den Kindern, „wenn sie mal eine erwischen, fressen sie die Maus auch auf.“ Auf einmal stellt sich Kara vor die Frettchen und fängt zu knurren an.
„Hör auf zu knurren“, ermahnt Svenja ihren Hund, „die Frettchen tun dir nichts.“ „Das ist ja heute ein wirklich interessanter Schultag“, kichert Lisa, „was möchtest du eigentlich für ein Haustier haben, Fabian?“ „Das ist schwer zu sagen“, erwidert Fabian, „alle Tiere sind irgendwie putzig, und es gibt ja noch andere Haustiere, wie Katzen, Hamster, Ratten, Echsen oder Wellensittiche.“

Wisst ihr denn schon, welches Haustier euch gefallen würde? Schaut doch einfach mal in dieses Buch. Dort werdet ihr viele Haustiere kennenlernen. Viel Spaß beim Lesen, Raten und Spielen!

Aquarienfische

Ausmalvorlage/Steckbrief

Systematik/Herkunft

Bei der Aquarienhaltung unterscheidet man zwischen Kaltwasserfischen und Warmwasserfischen. Da Kaltwasserfische im Sommer häufig Probleme mit hohen Temperaturen haben, ist die Haltung von Warmwasserfischen leichter.
Es ist sinnvoll, Fische aus gleichen Erdteilen, wie beispielsweise Südamerika, Asien oder Afrika, auszuwählen, da diese oft ähnliche Ansprüche haben. Im Handel findet man eine riesige Auswahl an Fischarten. Jedoch passen nicht alle Fische zueinander, deshalb ist beim Kauf eine fachkundige Beratung notwendig.

Aussehen/Merkmale

Die **Schuppen** bedecken den Körper der meisten Fische und erfüllen wichtige Schutzaufgaben. Die **Kiemen** sind die Atmungsorgane der Fische. Sie liegen geschützt unter den Kiemendeckeln, durch die starke Durchblutung erscheinen sie rötlich. Viele Fische haben **Zähne** im Maul; manche Fische haben **Barteln**, die bei der Futtersuche eingesetzt werden. Die **Flossen** dienen zur Fortbewegung und Richtungsänderung.
Es gibt Fische, die sich gerne im **oberen Bereich** des Aquariums aufhalten, andere dagegen schwimmen im **mittleren Bereich** oder am **Boden**. Insbesondere während der Fortpflanzungszeit besetzen viele Fische **Reviere** und verteidigen diese gegen Eindringlinge.

Aquarienfische

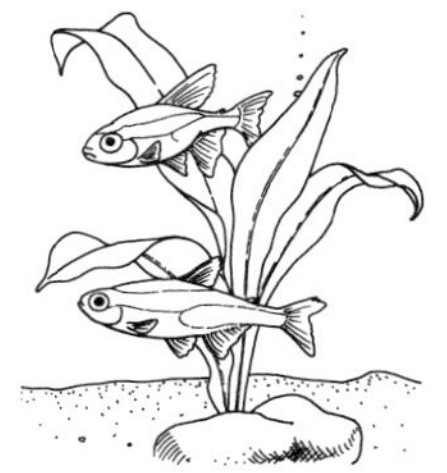

Steckbrief

Sinne	Die meisten Fische können hervorragend sehen. Mit Hilfe des Seitenlinienorgans, das als schmaler Strich an der Körperseite sichtbar ist, können Fische Erschütterungen und Druckwellen wahrnehmen. Manche Fischarten haben Barteln am Maul, mit denen sie riechen und schmecken können.
Lautäußerungen	Um ein Weibchen für die Paarung zu gewinnen, geben manche Fische Töne von sich. Einige Fische, wie die „knurrenden Guramis“, äußern auch bei der Auseinandersetzung um ein Revier Laute, die man auch außerhalb des Aquariums hören kann.
Körpersprache	**Um ihr Revier zu verteidigen, benutzen Fische folgende Verhaltensweisen:** Einen anderen Fisch kurz anschwimmen (ohne Körperkontakt) – mit dem Schwanz einen Wasserschwall in die Richtung des Gegners schicken – Flossen aufstellen – mit dem Kopf frontal auf den anderen zuschwimmen (oft stehen sich zwei Fische minutenlang Kopf an Kopf gegenüber) – Mäuler ruckartig aufreißen oder geöffnete Mäuler aufeinanderklatschen – sich gegenseitig am Kiefer festbeißen. **Um einem Weibchen zu imponieren, setzen die meisten Männchen folgende Aktivitäten ein:** Flossen werden total angespannt – glänzende bunte Farben werden angelegt – Männchen umkreist das Weibchen in immer enger werdenden Kreisen – Männchen lockt das Weibchen zum ausgewählten Laichplatz, dem Ort, an dem das Weibchen die Eier ablegt; dabei schwimmt es immer wieder in die Richtung des Laichplatzes und kehrt wieder zurück – gelegentlich sind auch die Weibchen aktiv: Sie schwimmen die Männchen an, zeigen ihren mit Eiern gefüllten dicken Bauch und locken die Männchen zum ausgewählten Laichplatz.
Aktivitätszeit	tagaktiv
Lebenserwartung	Je nach Art und Haltung, einige Monate bis zu mehreren Jahren.
Haltung	Schwarmfische sollten immer zu mehreren gehalten werden, da diese sich nur im Schwarm wohlfühlen. Damit sich die Fische nicht gegenseitig stören, wählt man am besten Fischarten aus, die sich in unterschiedlichen Bereichen aufhalten. Um das Algenwachstum einzudämmen, ist es vorteilhaft, Algen fressende Fische, beispielsweise Saug- oder Panzerwelse, einzusetzen.

Aquarienfische

Steckbrief ______________________

Ausstattung/ Unterbringung

Auf folgende Weise kann ein Aquarium eingerichtet werden:

1. Boden mit **Kies und Dünger** füllen
2. **Filter und Heizer** in den hinteren Ecken anbringen
3. **Pflanzen** in den Bodengrund einsetzen
4. mit **Wurzeln** Verstecke für die Fische schaffen
5. Becken mit **Wasser** füllen, **Thermometer** anbringen
6. **Abdeckung mit Beleuchtung** aufsetzen
7. Aquarium in Betrieb nehmen, aber erst **nach 2 Wochen Fische einsetzen**.

Grund: Pflanzen können sich festwurzeln und Kleinstlebewesen können sich entwickeln, welche für den Abbau von Futterresten und Abfallstoffen der Fische wichtig sind.

Nahrung

Trockenfutter (beispielsweise Flockenmischung), Lebendfutter und Gefrierfutter (beispielsweise Wasserflöhe, weiße und rote Mückenlarven, Salinenkrebschen).

Pflege

täglich: füttern, technische Geräte und Gesundheitszustand der Tiere kontrollieren;
regelmäßig: Filter reinigen, ein Drittel des Wassers austauschen, den Säuregehalt (pH-Wert), die Wasserhärte, Nitrat- und Nitritwerte und Kupferbelastung messen.

Nachwuchs

Am Beispiel des südamerikanischen Schmetterlingsbuntbarsches:
Das Weibchen legt auf Steinen oder Wurzeln bis zu 300 Eier ab, das Männchen schwimmt darüber und befruchtet diese mit seinem Samen. Die Eltern bewachen das Gelege und fächeln den Eiern mit den Flossen Sauerstoff zu. Die nach 2 Tagen geschlüpften Larven werden von den Eltern ins Maul genommen und in eine vorher ausgehobene Grube umgebettet. Nach weiteren 3 Tagen haben die Larven ihren Dottersack aufgefressen und fangen an, frei herumzuschwimmen. Die Jungtiere werden von den Eltern begleitet und bewacht. Entfernt sich ein Junges, wird es von Vater oder Mutter ins Maul eingesaugt und wieder zu den anderen zurückgebracht.
Die meisten Fischarten kümmern sich nicht um den Nachwuchs; wenige Fischarten, wie beispielsweise die Guppys oder Platys, bringen ihre Jungen lebend zur Welt.

Aquarienfische

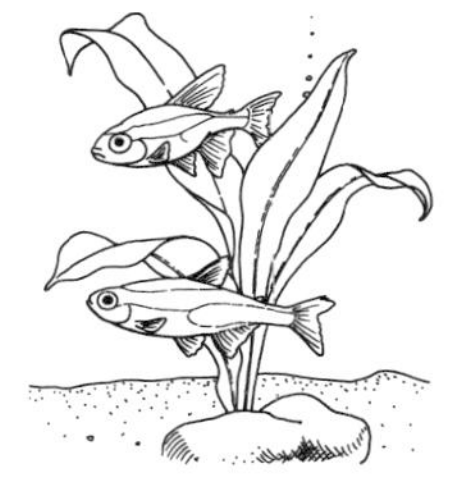

Sachgeschichte

„Hast du auch gerade die leckere Mückenlarve verschlungen?“, fragt mich mein Männchen. Er ist, wie ich finde, der schönste Schmetterlingsbuntbarsch, den ich kenne.
„Nein, noch nicht, aber ich habe ein paar schmackhafte Wasserflöhe verspeist“, erwidere ich ihm, „schau mal nach draußen, da wirft uns gerade der Freund von unserem Besitzer massenhaft Trockenfutter ins Wasser, so viel bekamen wir ja noch nie!“ Gut gelaunt saugen wir die Futterflocken in unser Maul.

„Hör auf Sven, du darfst den Fischen nicht so viel Futter geben“, höre ich unseren Besitzer Lars entsetzt rufen. Lars versucht, mit seinem Kescher das viele Futter wieder herauszuholen. „Man darf immer nur so viel füttern, wie die Fische in wenigen Minuten auffressen können“, erklärt Lars seinem Freund Sven, „übrig gebliebenes Futter verunreinigt das Wasser, und die Algen beginnen, stark zu wachsen.“

Vollgefressen schwimme ich eine Runde über den Bodengrund, dann ruhe ich mich unter einer Wurzel aus. Über mir schwimmen gerade einige feuerrote Neon-Salmler vorbei. An der Wasseroberfläche tummeln sich die dickbäuchigen Beilbauchfische. Lars und seine Eltern waren sehr klug. Sie haben solche Fischarten ausgewählt, die sich in unterschiedlichen Bereichen des Aquariums aufhalten. Wir Buntbarsche schwimmen gerne am Boden, die anderen Fische weiter oben. So haben wir genug Platz und kommen uns gegenseitig nicht in die Quere.

„Schau mal die roten Neon-Salmler an“, tönt auf einmal Sven, „wie nahe sie beieinander schwimmen und die gleichen Bewegungen machen.“ Lars erklärt seinem Freund: „Das sind Schwarmfische, sie fühlen sich nur im Schwarm wohl, allein würden sie sich sehr einsam fühlen.“

Ein Stückchen neben mir lässt sich gerade ein größerer unbekannter Fisch nieder und knabbert an grünlichen Pflanzen. „Hallo, was machst du hier?“, begrüße ich ihn. „Guten Tag“, erwidert der Fisch, „ich bin ein Saugwels und fresse die unschönen Algen im Aquarium. Lars und seine Eltern haben mich gestern hier eingesetzt.“ „Das ist aber schön“, blubbere ich freundlich und probiere sogleich ein Algenstückchen. „Igitt, das schmeckt ja fürchterlich“, rufe ich angewidert und spucke die Alge wieder aus. „Lass das mal meine Aufgabe sein“, gluckst der Algen fressende Saugwels fröhlich und lässt sich die Algen schmecken. Gut gelaunt paddle ich zu meinem Männchen.

Ich bemerke, dass Sven uns neugierig anstarrt. Erstaunt fragt er seinen Freund: „Weshalb glänzen die beiden Buntbarsche heute so prächtig?“ „Es ist Fortpflanzungs-

Aquarienfische

Sachgeschichte

zeit, und die beiden wollen durch die glänzenden Farben auf sich aufmerksam machen", erklärt Lars.

Da hat er allerdings Recht! Nachdem mich mein Männchen mehrmals umkreist hat, lege ich viele weiße Eier auf den Boden. Mein Freund schwimmt darüber und lässt seinen Samen über die Eier fallen.
Nun bewachen wir beide das Gelege und fächeln mit unseren Flossen den Eiern Sauerstoff zu. In zwei Tagen werden Larven aus den Eiern schlüpfen und ihren Dottersack fressen. Einige Tage später schwimmen sie frei umher, mein Männchen und ich bewachen aber die Kleinen. Entfernt sich ein Junges von der Gruppe, sauge ich es in mein Maul und bringe es wieder zu den anderen zurück.

Gespannt höre ich zu, was Lars seinem Freund von uns erzählt: „Das Verhalten der Buntbarsche ist wirklich interessant. Die Eltern begleiten und bewachen ihre Jungen. Es ist schon erstaunlich, dass es Fische gibt, die sich um ihren Nachwuchs kümmern." Sven fragt interessiert: „Habt ihr auch Fische wie zum Beispiel die Guppys oder Platys, die lebend aus dem Bauch der Mutter herauskommen?" „Nein, bis jetzt noch nicht", antwortet Lars, „der Verkäufer meinte, dass man nicht zu viele Fische in einem Aquarium halten darf. Viele Tiere fühlen sich dann gestört und gestresst, und sie werden leichter krank. Schön wäre es natürlich schon, zu sehen, wie ein kleiner Fisch aus dem Bauch seiner Mutter schlüpft." „War bei dir schon mal ein Fisch krank?", möchte Sven wissen. „Nein, bisher noch nicht", entgegnet Lars, „aber bei meinem Onkel hatte ein Fisch die Weißpünktchenkrankheit. Er hatte lauter weiße Punkte auf seinem Körper und hat sich ständig an einem Stein gerieben. Durch Medikamente ist er dann wieder gesund geworden."

Was ist denn plötzlich über mir für eine Unruhe? Neugierig blicke ich nach oben. Zwei Beilbauchfische klatschen ihre geöffneten Mäuler aufeinander. Jetzt stehen sie sich Kopf an Kopf gegenüber. „Die küssen sich und massieren sich den Kopf", gluckert mein Männchen. „So ein Unsinn", entgegne ich ihm, „die beiden möchten ein Revier besetzen und versuchen, sich zu vertreiben." Gerade in der Fortpflanzungszeit sind Revierkämpfe unter Fischen sehr häufig.

Über mir erscheint plötzlich eine Hand. Was ist jetzt schon wieder los? „Lars schneidet nur ein paar lange Pflanzen mit der Schere", blubbert mir mein Männchen beruhigend zu. „Und der Schlauch dort drüben?", frage ich misstrauisch. „Das weißt du doch", belehrt mich mein Liebster, „Lars lässt einen Teil unseres Wassers durch einen Schlauch in einen Eimer laufen und füllt dann mit dem Schlauch wieder neues Wasser herein. So haben wir immer frisches und sauberes Wasser."

Sven reckt seinen Kopf ganz nah an die Scheibe und meint beeindruckt: „Ich wusste gar nicht, dass ein Aquarium so spannend sein kann und dass es so viel Spaß macht, den Fischen zuzuschauen." „Da hast du wirklich Recht", antwortet Lars, „wer meint, ein Aquarium sei langweilig, hat eben keine Ahnung!"

Aquarienfische

Bilderquiz

1. Was kann man gegen das Wachstum der Algen tun?

a) ☐ Algen fressende Tiere, wie beispielsweise den Saugwels, einsetzen.

b) ☐ sehr viel füttern

2. Wann fühlen sich Fische im Aquarium wohl?

a) ☐ wenn sie genug Platz haben und sich nicht in die Quere kommen

b) ☐ wenn sie möglichst viele andere Fische um sich herum haben

Aquarienfische

Bilderquiz

3. Wie verhalten sich Buntbarsch-Eltern?

a) ☐ Sie fressen nach dem Schlüpfen ihre Kinder auf.

b) ☐ Sie begleiten und bewachen ihre Kinder beim Schwimmen.

4. Wie wechselt man das Wasser des Aquariums?

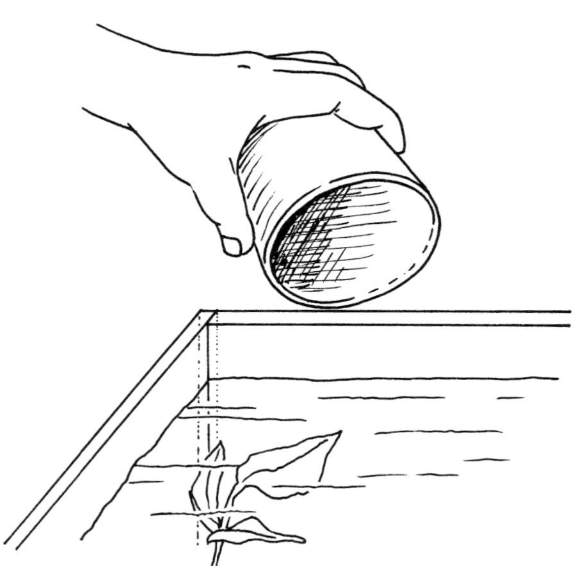

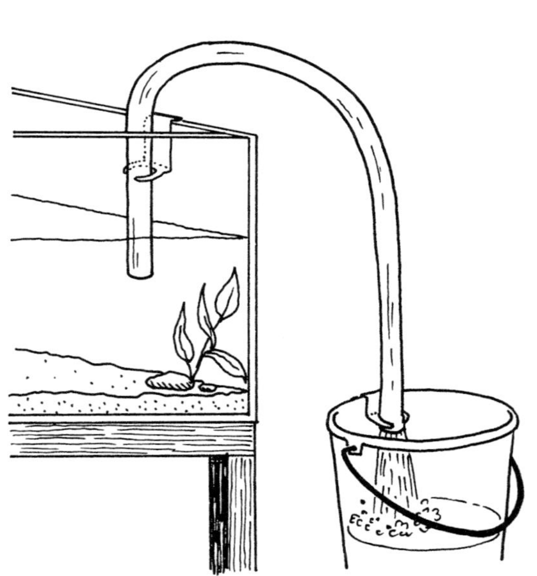

a) ☐ Man schöpft das Wasser mit einem Becher heraus.

b) ☐ Man lässt das Wasser mit einem Schlauch in einen Eimer abfließen.

Aquarienfische

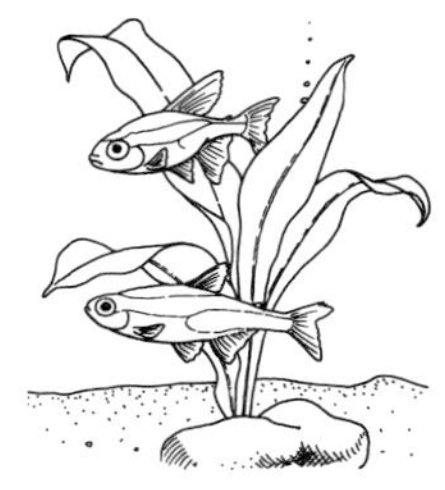

Textquiz

1. Was fressen Fische?

a) ☐ lebendes Futter, wie Mückenlarven oder Wasserflöhe
b) ☐ die Pflanzen des Aquariums
c) ☐ Trockenfutter (Flocken)

2. Wie sollte man Fische füttern?

a) ☐ möglichst viel füttern, damit die Fische nicht verhungern
b) ☐ nur so viel füttern, wie Fische in wenigen Minuten auffressen können
c) ☐ Im Aquarium muss immer ein Futtervorrat vorhanden sein.

3. Wie verhalten sich Schwarmfische?

a) ☐ Sie schwimmen nah beieinander.
b) ☐ Sie machen die gleichen Bewegungen.
c) ☐ Einzelne Fische entfernen sich sehr oft von der Gruppe.

4. Wann glänzen die Farben der Buntbarsche besonders intensiv?

a) ☐ Die Farben von Buntbarschen glänzen immer gleich.
b) ☐ In der Fortpflanzungszeit machen sie dadurch auf sich aufmerksam.
c) ☐ Wenn Gefahr droht, wollen sie dadurch Eindringlinge erschrecken.

5. Wie kommen Fische zur Welt?

a) ☐ Sie schlüpfen als Larven aus Eiern.
b) ☐ Sie werden aus dem Maul gespuckt.
c) ☐ Sie schlüpfen aus dem Bauch der Mutter.

6. Weshalb darf man nicht zu viele Fische halten?

a) ☐ weil sie zu viele Pflanzen und Algen beknabbern
b) ☐ weil sich zu viele Fische gestört und gestresst fühlen
c) ☐ weil die Fische leichter krank werden

7. Weshalb schwimmen zwei Fische Kopf an Kopf?

a) ☐ Die Fische spielen miteinander.
b) ☐ Sie reiben sich am Kopf, damit das Jucken aufhört.
c) ☐ Sie möchten ein Revier besetzen und versuchen, sich gegenseitig zu vertreiben.

Aquarienfische

Bewegungsgeschichte

Text	Bewegungsvorschläge
Viele bunte Fische schwimmen in einem großen Aquarium. Manche bewegen sich langsam, manche sehr schnell. Andere beschleunigen stark und bremsen ruckartig wieder ab. Wieder andere ändern häufig ihre Richtung.	*umherlaufen und mit den Händen paddeln – langsam laufen, dann so schnell es geht – mehrmals beschleunigen und wieder abbremsen – umherlaufen und häufig die Richtung ändern*
Wie schön! Gerade ist Fütterungszeit. Viele Futterflöckchen und kleine Tierchen schweben von der Oberfläche Richtung Boden. Gierig schnappen die Fische nach dem Fressen.	*mit den Händen wackeln und von oben nach unten bewegen – „umherpaddeln" und immer wieder Mund schnell öffnen und schließen*
Es ist Fortpflanzungszeit. Um Eindringlinge aus ihren Revieren zu vertreiben, schicken die Fische einen Wasserschwall zum Gegner. Manche flitzen frontal aufeinander zu. Andere Fische stehen sich bedrohlich Kopf an Kopf gegenüber.	*eine Hand schwungvoll in Richtung eines anderen Kindes bewegen – schnell aufeinander „zuschwimmen", abbremsen – je zwei Kinder stehen sich „paddelnd" Kopf an Kopf gegenüber und versuchen, sich leicht wegzudrücken (nicht grob sein!)*
Um ein Weibchen zu beeindrucken, spreizt der Buntbarsch seine Flossen. Stolz umkreist er das Weibchen. Dann versucht er, das Weibchen zu einem Stein zu locken. Juchhu! Das Weibchen folgt dem Männchen. Beide schwimmen über den Stein.	*paarweise zusammengehen: M streckt die Hände als Flossen nach oben – M paddelt in immer enger werdenden Kreisen um W – M „schwimmt" ein Stück weg und kehrt zu W zurück – W folgt M – W und M „schwimmen" im Kreis*
Das Buntbarschweibchen legt viele weiße Eier auf den Stein, das Männchen gibt seinen Samen dazu. Nach zwei Tagen schlüpfen die Larven und fressen ihren Dottersack. Fröhlich schwimmen sie mit ihren Eltern im Wasser umher.	*W lässt Steine fallen, M lässt ein Papiertaschentuch (s.u.) darüberfallen – M und W hocken sich über das „Gelege", stehen langsam auf und kauen – alle Kinder „paddeln" umher*

***Tipp:** Absatz 4 und 5 werden mit verteilten Rollen gespielt. Die „Männchen" (M) stecken vor Beginn ein Papiertaschentuch ein, die „Weibchen" (W) ein paar kleine Steine.*

Chinchilla

Ausmalvorlage/Steckbrief

Systematik/Herkunft Chinchillas sind Nagetiere und stammen aus Südamerika. Sie leben in Kolonien und halten sich tagsüber in Felsspalten oder -höhlen auf. In ihrer Heimat gibt es Langschwanz- und Kurzschwanzchinchillas. Die bei uns als Heimtiere gehaltenen Tiere sind Langschwanzchinchillas.

Aussehen/Merkmale sehr große bewegliche Ohren, geben über die Ohren überschüssige Wärme ab; große Augen; langer buschiger Schwanz; dichtes, seidenweiches Fell (verträgt keine Nässe); ständig nachwachsende Nagezähne; lange kurze Vorderpfoten; starke Hinterpfoten (bewegen sich deshalb leicht hüpfend fort); statt Krallen sitzen an den Pfoten Nägel, ähnlich unseren Fingernägeln; greifen mit Pfoten das Futter und führen es zum Maul; lange Tasthaare; ideale Temperatur: 18–20 Grad; sie sind intelligent; erschrecken leicht bei unbekannten Geräuschen und plötzlichen Bewegungen; nagen alles an; mögen Abwechslung; täglicher Freilauf; können vom Stand aus einen Meter hoch und weit springen; gute Kletterer; verständigen sich mit vielen Lauten und einer vielseitigen Körpersprache; eigene und gegenseitige Fellpflege; markieren ihr Revier mit Urin.

Chinchilla

Steckbrief

Sinne guter Rundumblick wegen den seitlich liegenden Augen, sehen bei Dunkelheit sehr gut; sehr guter Hörsinn; guter Geruchssinn; guter Geschmackssinn: ein Probebiss entscheidet, ob sie das Futter mögen; können mit ihren Tasthaaren Abstände messen.

Lautäußerungen **Positionslaut:** Leise und helle Töne zeigen den Artgenossen, wo sich das Tier befindet;
Lockruf: Dieser gluckernde Laut wird geäußert, wenn eine Chinchilla etwas Neues entdeckt hat;
Schnalzlaut: Hat ein Tier das andere beispielsweise bei der Fellpflege zu stark gebissen, äußert es einen schnalzartigen Laut und schüttelt dabei heftig den Kopf;
Abwehrlaut: Dieser quäkende kurze Laut signalisiert, dass der störende Artgenosse sich entfernen soll;
Warnruf: Durch kurze laute Rufe werden Artgenossen vor Gefahren gewarnt;
Panikschrei: Ein lauter Schrei ist nur bei höchster Aggression und Panik zu hören;
Zähne knirschen: Entweder haben Chinchillas Schmerzen oder sie fühlen sich wohl. Ob sie Schmerz empfinden oder sich wohlfühlen, ist dabei schwer zu unterscheiden.

Körpersprache **Bitte nicht stören, ich schlafe:** auf allen Pfoten sitzend, Augenlider halb geschlossen, Ohren angelegt;
Es ist alles in Ordnung: auf den Hinterpfoten sitzend, Vorderpfoten angehoben (fressen, Umgebung beobachten);
gegenseitige Begrüßung: am anderen schnuppern, Nasen aneinander reiben;
Verteidigung des Reviers: Ohren anlegen, Zähne zeigen, schnauben oder schreien, Urin auf Feind spritzen.

Aktivitätszeit dämmerungs- und nachtaktiv (deshalb für jüngere Kinder als Haustier ungeeignet)

Lebenserwartung etwa 18 Jahre

Haltung paarweise oder in der Gruppe

Chinchilla

Steckbrief

Unterbringung/ Ausstattung nur Zimmerhaltung, da das Fell nicht nass werden darf; hoher, großer Käfig (Voliere) mit Sitzbrettern und Laufflächen auf mehreren Ebenen, für jedes Tier ein Schlafhäuschen, Kletteräste, Treppen, Brücken, Sandbadewanne mit Chinchilla-Spezialsand; Futternäpfe, Trinkflasche, Heuraufe, Äste zum Klettern und Nagen, Unterschlupfmöglichkeiten (beispielsweise Korkröhre), Einstreu für Toilettenecke.

Nahrung hochwertiges Heu, frisches Wasser, Pellets (Gräser, Luzerne, Kräuter) aus dem Zoofachhandel, Kräuter (beispielsweise Brennnessel, Pfefferminze, Melisse), etwas Frischkost, Äste und Nagesteine, frisst eigenen Blinddarmkot. Dieser ist ein spezieller Kot, der sehr nahrhaft ist und im Blinddarm produziert wird.

Pflege **täglich:** füttern, Wasser bereitstellen, Futterreste entfernen, Futter- und Trinkgefäße mit heißem Wasser auswaschen, Sandbad reinigen (beispielsweise von Kot und Heuhalmen), Einstreu in den Toilettenecken säubern, Sitzbretter und Kletteräste abkehren, Käfigeinrichtung auf Sicherheit hin überprüfen;
wöchentlich: gesamte Streu auswechseln, Sandbadewanne mit heißem Wasser reinigen, Sand erneuern;
monatlich: Urin und festgetretenen Kot auf Brettern und Häuschen abschrubben, in Nagesteine neue Kanten schnitzen, Neues im Käfig installieren (beispielsweise neuer Kletterast oder Treppe).

Nachwuchs Etwa 110 Tagen nach der Paarung kommen 1–3 vollständig entwickelte Junge am Käfigboden oder im Schlafhäuschen zur Welt (Chinchillas bauen keine Nester). Die Neugeborenen haben bereits bei der Geburt ein dichtes Fell und die Augen sind geöffnet. Nachdem die Mutter die Kleinen sauber geleckt hat, nehmen diese durch ein leises Quieken Kontakt zu ihrer Mutter auf. Während sie bei ihrer Mutter trinken, lassen sie fiepende Sauglaute hören.
Gut bewacht durch die Mutter und die Gruppe (Vater, Tanten, ältere Geschwister), erkunden sie in den ersten Tagen ihre Umgebung. Alles wird beschnuppert und mit einem Probebiss untersucht. Die Kleinen ernähren sich viele Wochen hauptsächlich von Muttermilch, knabbern aber zwischendurch an anderem Futter, wie beispielsweise einem Heuhalm oder einem Stück Apfel. Mit 12 Wochen ernähren sich die Jungen selbst und können, wenn nötig, von der Gruppe getrennt werden.

Chinchilla

Sachgeschichte

„Hör mal Oma, wann wachen denn endlich Bodo und Bert auf, es ist doch schon ein Uhr mittags?“, höre ich eine laute Kinderstimme.
„Schrei nicht so, Laura, Chinchillas sind sehr lärmempfindlich und erschrecken bei plötzlichen Geräuschen“, höre ich Lauras Oma antworten, „du darfst sie jetzt nicht stören, denn sie schlafen tagsüber.“

„Können sich die beiden nicht leiser unterhalten?“, raunze ich ärgerlich zu Bodo, „jeder weiß doch, dass wir Chinchillas erst am Abend wach werden.“ „Reg dich nicht auf, und schlaf einfach weiter“, versucht mich Bodo, mein Freund, zu beruhigen und kuschelt sich nahe an mich heran. Gemütlich dösen wir den ganzen Nachmittag. Als es dunkel wird, wache ich auf. Ich stelle meine großen Ohren auf und kitzle mit meinem langen buschigen Schwanz Bodos Gesicht. Bodo öffnet seine Augen. Zur Begrüßung beschnuppern wir uns und reiben unsere Nasen aneinander. Nun beginnt Bodo sein Fell zu putzen. „Lass uns doch gegenseitig das Fell putzen“, schlage ich meinem Freund vor und knabbere mit meinen langen Nagezähnen an seinem seidenweichen Fell.

Nun krault mich Bodo mit seiner Vorderpfote am Rücken. Mmh, das tut gut! „Ich bin wirklich froh, dass ich dich habe“, quieke ich ihm fröhlich ins Ohr, „allein wäre es mir viel zu langweilig. Ich hätte niemanden, mit dem ich mich unterhalten könnte.“
„Ich bin auch sehr froh“, erwidert Bodo, „Oma kümmert sich zwar sehr gut um uns, aber sie ist halt ein Mensch und kein Chinchilla. Etwa 15 Jahre leben wir jetzt schon in diesem Zimmer. Weißt du noch, wie scheu wir damals waren, als wir hier herkamen?“ „Na klar, ich erinnere mich noch ganz genau“, rufte ich aufgeregt, „zuerst hatte ich vor Oma Angst. Immer wenn sie an den Käfig kam, verschwand ich in meinem Häuschen. Doch nach einiger Zeit traute ich mich zumindest, von ihr einen Leckerbissen durch das Gitter zu fressen. Und später dann, nach einigen Monaten, hatte ich den Mut, auf Omas Arm zu klettern.“
„Bei mir war das genauso“, erzählt Bodo, „wir Chinchillas sind eben sehr scheue Tiere, die lange brauchen, um zahm zu werden.“ Flink hüpfe ich aus dem Schlafhäuschen, steige auf den Rand meiner Sandbadewanne und springe hinein. Schwungvoll wälze ich mich im Sand. „Nimm doch auch ein Sandbad“, rufe ich meinem Freund zu, „das tut richtig gut.“ Schwupps, schon ist Bodo zu mir gehüpft und wälzt sich genüsslich hin und her.

Chinchilla

Sachgeschichte

Da höre ich Laura verwundert rufen: „Oma, weshalb wälzen sich die beiden im Sand?“ Oma nähert sich und erklärt ihr: „Der Sand zieht Feuchtigkeit und Fett aus dem seidenen Fell, nur ein trockenes Fell kann das Tier warm halten. Das Fell der Chinchillas verträgt keine Nässe, deshalb müssen sie immer im Zimmer bleiben.“ „Dürfen sie nicht wie Meerschweinchen oder Kaninchen in einem Gartengehege umherlaufen?“, möchte Laura wissen. „Nein, das können sie leider nicht“, erwidert Oma, „denn es könnte ja regnen und das Fell nass werden. Sieh mal Laura, wie goldig sie fressen.“

Gerade wühle ich mit meiner Pfote im Fressnapf und suche mir einen Leckerbissen heraus. Ich halte ihn mit meiner Vorderpfote und beiße darauf. Mmh, schmeckt lecker. Nun schnappe ich mir ein Stückchen Birne und probiere sie. Igitt, schmeckt ja eklig. Angewidert spucke ich das Stück wieder aus. Nun kaue ich ausführlich an einem Heuhalm, Heu ist nämlich wichtig für unsere Verdauung.
Nachdem Bodo und ich ausführlich gefressen haben, öffnet Oma den Käfig und streckt ihre Hand zu uns rein. Schnell hüpfe ich darauf und klettere den Arm hinauf. Auf der Schulter bleibe ich sitzen und gucke interessiert umher. Nun streichelt mich Oma sanft unter dem Kinn. Vorsichtig nähert sich Lauras Hand. Sanft krault sie mich hinter den Ohren. Nach dieser netten Kopfmassage laufe ich Omas Arm hinunter und springe auf den Boden. Blitzschnell renne ich zur anderen Zimmerseite und springe die Wand an. Dann fetze ich wieder zurück und laufe zu Omas altem Schrank. Genüsslich nage ich am Holz. Wir Chinchillas lieben es einfach alles, was uns begegnet, anzunagen. Schließlich müssen wir ja unsere langen Schneidezähne abwetzen, damit sie nicht zu lang werden.

Was steht denn da drüben, das kenne ich ja noch gar nicht! Neugierig hüpfe ich hin und gebe glucksende Laute von mir. Sofort kommt Bodo zu mir gerannt. Wir Chinchillas verständigen uns viel mit Lauten. Wenn ich beispielsweise leise und helle Töne von mir gebe, weiß Bodo, wo ich mich gerade befinde. Wenn ich kurze quäkende Laute töne, dann weiß er, dass mich etwas an ihm stört und er lieber weggehen sollte. „Was hast du denn Neues entdeckt?“, fragt Bodo interessiert. Neugierig beschnuppern und benagen wir das unbekannte Ding.

Ich höre, wie Laura erfreut ruft: „Die beiden haben den neuen Kletterbaum mit den Sitzbrettern entdeckt.“
Schnell klettern wir den Baumstamm hoch und hüpfen von Brett zu Brett. Wir Chinchillas sind richtige Sprungmeister, wir können bis zu einem Meter hoch und weit springen. Zwei Stunden lang dürfen wir uns im Zimmer austoben.

Leider höre ich dann Oma rufen: „Jetzt müssen die beiden wieder in den Käfig.“ Laura rennt sofort hinter uns her und versucht, uns zu fangen. „Nicht Laura, das erschreckt die beiden zu sehr“, mahnt sie Oma, „locke sie lieber mit kleinen Leckerbissen in den Käfig.“

Genüsslich fressen wir einen köstlichen Haferkeks aus Lauras Hand. Im Käfig angelangt, lassen wir uns noch eine Rosine schmecken. So gefällt uns unser Leben!

Chinchilla

Bilderquiz

1. Wie begrüßen sich zwei Chinchillas?

a) ☐ Sie beschnuppern sich und reiben ihre Nasen aneinander.

b) ☐ Sie machen Männchen.

2. Wie badet eine Chinchilla im Sandbad?

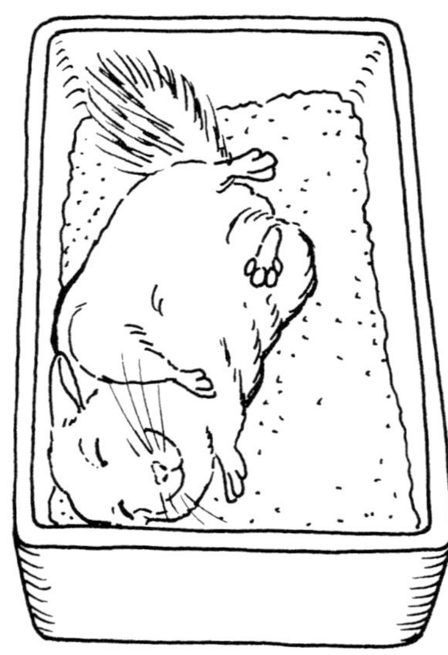

a) ☐ Sie wälzt sich auf dem Rücken hin und her.

b) ☐ Sie nimmt Sand in ihre Pfote und reibt sich damit ein.

Chinchilla

Bilderquiz

3. Dürfen Chinchillas in einem Gartengehege im Freien herumlaufen?

a) ☐ Ja, frische Luft und Regen tut ihnen gut.

b) ☐ Nein, das Fell könnte durch Regen nass werden (Fell verträgt keine Nässe).

4. Wie bringt man Chinchillas am besten zurück ins Gehege?

a) ☐ Man ergreift die Tiere am Rückenfell.

b) ☐ Man lockt sie mit kleinen Leckerbissen.

Chinchilla

Textquiz

1. Wann werden Chinchillas wach?

a) ☐ um Mitternacht

b) ☐ mittags, wenn die Kinder von der Schule kommen

c) ☐ am Abend

2. Wie sehen Chinchillas aus?

a) ☐ Sie haben große Ohren und einen buschigen Schwanz.

b) ☐ Sie haben ein seidenweiches Fell.

c) ☐ Sie haben einen dünnen Schwanz ohne Haare.

3. Wie schnell werden Chinchillas zahm (lassen sich anfassen und streicheln)?

a) ☐ Chinchillas sind von vornherein handzahm.

b) ☐ Es kann einige Monate dauern, bis sie zahm sind.

c) ☐ Chinchillas werden trotz großen Bemühungen des Menschen nie zahm.

4. Weshalb nehmen Chinchillas ein Sandbad?

a) ☐ weil sie gerne schwimmen

b) ☐ weil der Sand Feuchtigkeit und Fett aus dem Fell zieht

c) ☐ weil nur ein trockenes Fell warm hält

5. Wie fressen Chinchillas?

a) ☐ Sie wühlen mit der Pfote im Futter und suchen sich Leckerbissen heraus.

b) ☐ Sie probieren das Futter und spucken aus, was ihnen nicht schmeckt.

c) ☐ Sie beugen sich mit dem Maul zum Futter und fressen aus dem Napf.

6. Wie weit und hoch können Chinchillas springen?

a) ☐ nur bis zu 5 cm

b) ☐ etwa 30 cm

c) ☐ etwa 1 m

7. Wie zeigen Chinchillas einem Artgenossen, dass sie etwas Neues entdeckt haben?

a) ☐ durch bestimmte Laute

b) ☐ durch Ohrenwackeln

c) ☐ durch Scharren mit den Hinterbeinen

Chinchilla

Bewegungsgeschichte

Text	Bewegungsvorschläge
Die Chinchillas schlafen eng aneinandergekuschelt im Schlafhäuschen. Am Abend wachen sie auf. Ihre großen Ohren bewegen sie nach allen Seiten. Der lange buschige Schwanz wedelt hin und her. Um die Zähne abzuwetzen, nagen sie an ihrem Häuschen.	*auf allen vieren kauernd eng nebeneinander liegen – Oberkörper aufrichten – Hände als Ohren an den Kopf, in alle Richtungen bewegen – einen Arm hinter dem Körper hin und herschwingen – Kaubewegungen*
Wie süß! Jetzt putzen sich die Chinchillas gegenseitig. Mmh, das tut gut! Nun springen die Tiere in die Sandbadewanne. Genüsslich wälzen sie sich in der Sandschüssel. Das macht richtig Spaß! Nach dem Sandbad schütteln die Tiere den Sand aus ihrem Fell.	*Kinder zupfen sich gegenseitig am Körper – Sprung – auf den Rücken kommen, schwungvoll hin und herrollen – auf die Knie kommen, Körper ausschütteln*
Die Chinchillas haben großen Hunger und laufen zum Futternapf. Mit ihrer Pfote wühlen sie im Futter. Hier ein Leckerbissen. Mmh, der schmeckt fein. Was ihnen nicht schmeckt, spucken sie einfach aus. Igitt!	*auf allen vieren krabbeln – eine Hand kreist am Boden – Hand vor den Mund heben – „kauen“ – Hand kreist am Boden – Hand vor den Mund – kurz kauen, Spuckbewegung*
Wie schön! Jetzt dürfen die Chinchillas aus ihrem Käfig heraus. Blitzschnell rennen sie durch das Zimmer. Immer wieder springen sie in die Luft. Wenn sich die Tiere begegnen, beschnuppern sie sich und reiben die Nasen aneinander.	*aufstehen – rennen – mehrmals hochspringen – langsamer laufen, bei jeder Begegnung am anderen riechen und Nasen aneinander reiben*
Die Freilaufzeit ist zu Ende. Der Besitzer lockt die Tiere mit Leckerchen in den Käfig zurück. Die ganze Nacht hüpfen und klettern die Chinchillas umher. Erst am Morgen kuscheln sie sich wieder aneinander und schlafen ein.	*paarweise zusammengehen – ein Kind geht in Richtung „Käfig“ , das andere folgt und isst immer mal wieder aus der Hand (wer möchte, kann echtes Essen verwenden, s.u.) – hüpfen, klettern – wie am Anfang*

Tipp: *Für Absatz 3 kann ein kleiner Teller mit „Futter“ (beispielsweise Rosinen, Apfel- oder Karottenstückchen) auf den Boden gestellt werden, welches die Kinder tatsächlich essen. Ob die Kinder Stücke ausspucken oder nur so tun, dürfen Sie selbst entscheiden.*

Echse (Bartagame)

Ausmalvorlage/Steckbrief

Systematik/Herkunft Bartagamen sind Echsen innerhalb der Familie der Agamen und leben in den Wüstenregionen Australiens. Dort gibt es acht verschiedene Bartagamenarten;
dieser Steckbrief bezieht sich auf die Streifenköpfige Bartagame. Bartagamen gehören zu den beliebtesten Terrarientieren, da sie pflegeleicht sind und oft sehr zahm werden.

Aussehen/Merkmale großer dreieckiger Kopf; beschuppter Körper; spitze Schuppen an Kopf und den Seiten; breites Maul; kleine Zähnchen; fleischige, lange, leicht klebrige Zunge; mit Stacheln besetzter Bart an der Kehle (Bart kann aufgestellt werden); 2 Ohröffnungen seitlich des Kopfes; 2 kleine Nasenlöcher über dem Maul; je 5 Zehen mit Krallen an Vorder- und Hinterbeinen; können bis zu 50 Zentimeter lang werden (Schwanz macht die Hälfte der Gesamtlänge aus); um ihre Körpertemperatur aufrechtzuerhalten, brauchen sie äußere Wärmequellen (in der Natur das Sonnenlicht, im Terrarium eine Wärmelampe); bei abgesenkten Temperaturen halten sie ohne Fütterung Winterruhe; graben gerne; können gut klettern; häuten sich regelmäßig; sie schlafen in einer gegrabenen Mulde oder auf einem Ast; manche Tiere baden gerne, manche nicht; Männchen verteidigen ihr Revier (siehe unter Körpersprache).

Echse (Bartagame)

Steckbrief

Sinne	Das wichtigste Sinnesorgan ist das Auge. Beutetiere und auch Fressfeinde können aus großer Entfernung wahrgenommen werden. Die Geruchsaufnahme erfolgt über die Nasenlöcher. Zusätzlich kann die Bartagame „mit der Zunge riechen": Gegenstände einer neuen Umgebung, pflanzliches Futter oder Artgenossen berührt sie kurz mit der Zungenspitze. Die dadurch aufgenommenen Duftstoffe werden zum Jacobsonschen Organ im Rachen weitergeleitet. Wie gut Bartagamen hören, ist nicht erforscht. Einige Besitzer von Bartagamen sind der Meinung, dass sie nicht besonders gut hören, da laute Geräusche die Tiere nicht aus der Ruhe bringen.
Lautäußerungen	Fühlt sich eine Bartagame stark bedrängt, kann man ein Fauchen hören. Ansonsten können sie kaum Laute von sich geben. Die Kommunikation mit den Artgenossen erfolgt über die Gestik des Körpers.
Körpersprache	**Hecheln:** Bei zu hohen Temperaturen wird durch das Hecheln Körperwärme aus dem Maul abgegeben; **Kopfnicken und Aufstellen des Bartes:** Die Bartagame möchte dem Artgenossen imponieren und drohen; **Winken:** Durch eine langsame Kreisbewegung eines Vorderbeines versucht die Bartagame den Artgenossen zu beruhigen; **Schließen der Augen:** Der Bartagame gefällt etwas nicht (beispielsweise gestreichelt zu werden); **Demutsgeste:** Durch Winken, langsames Auf- und Abbewegen des Kopfes und Flachmachen des Körpers zeigt die Bartagame dem anderen, dass sie das schwächere Tier ist; **Verteidigung des Reviers:** Begegnen sich 2 Männchen und keiner macht eine Demutsgeste, kommt es zum Kampf: Nachdem der Bart aufgestellt und dabei stark genickt wurde, stellen die Tiere ihre Stacheln auf und machen ihren Körper flach. Anschließend umkreisen sich beide, nähern sich von der Seite und versuchen, sich zu beißen. Der Stärkere schiebt sich dann auf den Schwächeren. Dieser bleibt regungslos liegen und flüchtet dann.
Aktivitätszeit	tagaktiv; in der Nacht wird die Wärmelampe ausgeschaltet und die Bartagame schläft
Lebenserwartung	etwa 10 Jahre

Echse (Bartagame)

Steckbrief

Haltung In der Natur sind Bartagamen Einzelgänger und kommen nur zur Paarung kurz zusammen. Auch in Terrarien ist die Einzelhaltung am idealsten.

Unterbringung/ Ausstattung großes Terrarium, damit die Bartagame zwischen verschiedenen Temperaturzonen wechseln kann; Sand-Lehm-Gemisch als Bodengrund; Steine, Äste und Wurzeln zum Klettern und Verstecken, Pflanzen, Fress- und Wassernapf, große Wasserschale, falls die Bartagame baden möchte, Leuchtröhren für die Helligkeit, Wärmelampe und Wärmestrahler.

Pflege **täglich:** füttern, Wasser bereitstellen; Kot, Urin und Futterreste entfernen, Futter- und Wassernapf mit heißem Wasser reinigen;
alle paar Monate: Sand komplett austauschen;
regelmäßig: kontrollieren, ob alte Hautfetzen abgestoßen sind, evtl. abzupfen;
gelegentlich: Glasflächen, Rückwände, Steine usw. reinigen.

Nahrung Gemüse, Salat, Kräuter, wenig Obst, lebende Tiere wie Heuschrecken, Grillen, Schaben, Mehlwürmer; frisches Wasser.

Nachwuchs Nach Beendigung der Winterruhe pflanzen sich die Tiere fort. Mit starkem Kopfnicken und durch einen schwarz gefärbten Bart versucht das Männchen, das Weibchen zu beeindrucken. 4–7 Wochen nach der Paarung legt das Weibchen 20–30 Eier in eine gegrabene Höhle ab und verschließt diese wieder. Die Eier werden vom Menschen aus dem Terrarium entfernt und in einen Brutapparat (Inkubator) gelegt, da dort eine gleichbleibende ideale Temperatur herrscht. Nach etwa 70 Tagen schlüpfen die jungen Bartagamen. Sie ritzen mit ihrem Eizahn die Eischale ein und schlüpfen mit dem Kopf voran. Nach dem Schlüpfen werden sie in ein Aufzuchtterrarium gesetzt. Die Tiere wachsen schnell heran und häuten sich mehrmals.

Echse (Bartagame)

Sachgeschichte

Mmh, wie angenehm! Ich liege faul auf einem Ast und genieße die Hitze der Wärmelampe über mir. An meinem Platz ist es bestimmt schon über 40 Grad heiß. Anders als beim Menschen, brauchen wir Echsen äußere Wärme, um unsere Körpertemperatur aufrechtzuerhalten. Hätten wir keine Wärmelampe, würde unser Körper sehr auskühlen. Auch die Helligkeit in dem Terrarium ist für mein Wohlbefinden sehr wichtig.

Wer steht denn da an der Glasscheibe und guckt mich so komisch an? Eine unbekannte Frau und ein Kind hören gar nicht mehr auf, mich anzustarren. Plötzlich fällt es mir wieder ein. Mein Besitzer ist für drei Wochen in den Urlaub gefahren und hat seine Nachbarn gebeten, sich um mich zu kümmern.

„Tut Egon denn gar nichts anderes als Rumliegen, Mama?", fragt auf einmal das Mädchen. „Ich weiß auch nicht so genau, wir können ihm ja mal etwas zum Fressen geben", antwortet die Mutter und öffnet meine Glasscheibe. Sie stellt einen Futternapf mit kleinen Gemüsestückchen auf den Sandboden.

Sogleich krieche ich von meinem Ast herunter und begebe mich zum Futternapf. Mit meiner rosafarbenen Zungenspitze berühre ich kurz das Fressen. Dadurch kann ich den Geruch wahrnehmen. Mmh, riecht das gut und frisch! Hungrig fange ich das Fressen an. „Egon tut mir leid, dass er hier alleine leben muss", höre ich das Kind mit trauriger Stimme flüstern. „Bartagamen leben in freier Natur auch alleine und kommen nur kurz für die Paarung zusammen", erklärt die Mutter, „Egon fühlt sich bestimmt nicht einsam."

Da hat die Mutter völlig recht. Vor einigen Monaten lebte ich mit einem anderen Männchen im gleichen Terrarium. Immer wenn wir uns begegneten, wollte jeder sein Revier verteidigen. Um uns gegenseitig zu imponieren und zu drohen, stellten wir unseren Bart auf und nickten kräftig mit unserem Kopf. Dann drückten wir uns mit aufgestellten Stacheln flach auf den Boden. Da sich keiner dem anderen unterwarf, umkreisten wir uns und versuchten, uns zu beißen. Ich schaffte es sogar, ihm ein Stück Schwanz abzubeißen. Unser Pfleger bemerkte unsere Kämpfe und verschenkte mich an meinen jetzigen Besitzer.

So, jetzt habe ich fertig gefressen. Oh, ich glaube, es gibt noch einen Nachtisch. Die Mutter ergreift mit einer Pinzette einen Mehlwurm und lässt ihn vor meinem Gesicht baumeln. Sieht wirklich lecker aus! Mit meiner langen Zunge hole ich den Mehlwurm in mein breites Maul und verschlucke ihn. Nun lässt die Mutter eine lebendige Heuschrecke zu mir auf den Boden fallen. Sogleich fängt diese das Zirpen an. Langsam schleiche ich mich an die Heuschrecke heran. Blitzschnell stürze ich auf sie und schnappe sie mit meiner Zunge. Genüsslich kaue ich auf ihr herum.

Echse (Bartagame)

Sachgeschichte

„Die arme Heuschrecke", ruft das Kind entsetzt, „und diese knackenden Kaugeräusche hören sich ja eklig an."

Nach diesem Festmahl klettere ich über einige Steine und Felsen und krieche wieder unter die Wärmelampe.
„Oh, schade, jetzt sonnt sie sich wieder nur", stellt das Kind enttäuscht fest. Was soll ich denn sonst tun, Echsen brauchen nun mal viel Wärme. „Schau mal, sie lässt sich am Hals streicheln", ruft die Mutter erfreut und streicht mir mit ihrem Finger über meinen Bart.
Mich stört es meist nicht, wenn mich Menschen anfassen, aber besonders genießen tue ich es auch nicht. Schließlich bin ich kein Hund, der das Streicheln zum Glücklichsein braucht.

„Der Besitzer hat uns erlaubt, das Tier herauszunehmen", meint die Mutter und hebt mich vorsichtig aus dem Terrarium. Ruhig sitze ich auf ihrer Hand und schaue mich aufmerksam um. Das Mädchen streichelt mir mehrmals über den Rücken.
„Weshalb hat Egon Hautfetzen am Körper hängen?", fragt das Kind neugierig und zupft mir meine alte Haut etwas ab.
„Echsen häuten sich regelmäßig", erklärt die Mutter, „sie stoßen ihre alte Haut ab, wenn die neue darunter gewachsen ist."

Nun klettere ich am Körper der Mutter nach unten und laufe über den Teppichboden.
„Wir müssen sie schnell wieder einfangen", ruft das Mädchen erschrocken und läuft mir hinterher.
Vor der Wohnungstür bleibe ich stehen. Das Kind hebt mich hoch und setzt mich wieder in mein Terrarium. Ich bin froh, wieder hier zu sein, denn wir Bartagamen brauchen keinen Freilauf so wie andere Haustiere. Mit Hilfe meiner fünf Krallen grabe ich gut gelaunt eine Mulde in den Sand und lege mich hinein. Eine kleine Abkühlung nach der vielen Hitze tut gut.

„Schau mal, Mama", ruft das Mädchen aufgeregt, „vielleicht legt Egon gerade Eier in den Sand, aus denen später die Babys schlüpfen." „Es ist richtig, dass die Jungen aus Eiern schlüpfen", erwidert die Mutter, „aber Egon ist ein Männchen und legt keine Eier."
„Vielleicht gräbt er sich für die Winterruhe ein", entgegnet die Tochter. „Das könnte schon sein", antwortet die Mutter, „ich glaube aber, dass er das erst im nächsten Herbst macht."
Da hat die Mutter Recht. Nächsten Herbst grabe ich mich einige Wochen für die Winterruhe in den Sand ein. Vorher fresse ich weniger und sonne mich nicht mehr so viel. Während der Winterruhe ist mein Terrarium kühler, und ich fresse dann nichts mehr.
„Tschüss, lieber Egon, bis morgen", verabschiedet sich das Mädchen und winkt mir freundlich zum Abschied. Auch ich winke ihr mit meinem Vorderbein. Ich bin wirklich froh, dass sich die beiden so gut um mich kümmern.

Echse (Bartagame)

Bilderquiz

1. Was tun zwei Männchen, die zusammenleben?

a) ☐ Sie liegen gerne nebeneinander und sonnen sich gemeinsam.

b) ☐ Sie verteidigen ihr Revier und versuchen, den anderen zu beißen.

2. Wie fängt die Bartagame eine Heuschrecke?

a) ☐ mit den Vorderpfoten

b) ☐ mit der Zunge

Echse (Bartagame)

Bilderquiz

3. Lässt sich eine Bartagame von einem Menschen streicheln?

a) ☐ Ja, Bartagamen stört dies meist nicht.

b) ☐ Nein, sie beißen dem Menschen sofort in den Finger.

4. Wie werden Bartagamen geboren?

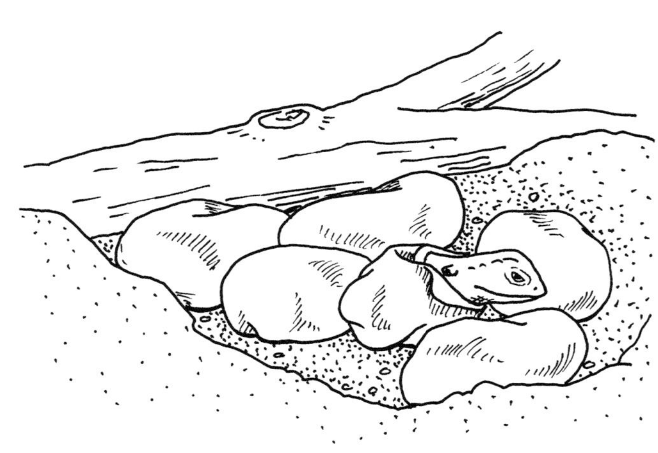

a) ☐ Sie schlüpfen aus Eiern.

b) ☐ Sie kriechen aus dem Bauch der Mutter.

Echse (Bartagame)

Textquiz

1. Was benötigt eine Bartagame, um sich wohlzufühlen?

a) ☐ viel Schatten und Kühle

b) ☐ viel Helligkeit und Wärme

c) ☐ viel Dunkelheit und Feuchtigkeit

---

2. Was fressen Bartagamen?

a) ☐ Gemüse

b) ☐ lebende Tiere (beispielsweise Heuschrecken)

c) ☐ tote Tiere

---

3. Was testen Bartagamen, wenn sie pflanzliche Nahrung mit der Zunge berühren?

a) ☐ den Geruch der Nahrung

b) ☐ den Geschmack der Nahrung

c) ☐ die Form der Nahrung

---

4. Was tun Männchen, wenn sie ihr Revier verteidigen?

a) ☐ Sie bewegen drohend ihre Zunge auf und ab.

b) ☐ Sie stellen ihren Bart auf und nicken mit dem Kopf.

c) ☐ Sie drücken sich mit aufgestellten Stacheln flach auf den Boden.

---

5. Weshalb hängen ab und zu Hautfetzen am Körper der Bartagame?

a) ☐ weil sie zu viel Wärme abbekommen hat und sich die Haut schält

b) ☐ weil sie sich regelmäßig häutet und ihre alte Haut abstößt

c) ☐ weil sie eine Hautkrankheit hat

---

6. Welche Gründe kann es geben, wenn eine Bartagame im Sand gräbt?

a) ☐ um Eier abzulegen

b) ☐ um ihre nachwachsenden Krallen abzuwetzen

c) ☐ um sich ein Plätzchen für die Winterruhe zu graben

---

7. Wie verbringt die Bartagame die Winterruhe?

a) ☐ Sie sonnt sich besonders viel.

b) ☐ Sie frisst nichts.

c) ☐ Die Temperatur im Terrarium ist kühler.

Echse (Bartagame)

Bewegungsgeschichte

Text	Bewegungsvorschläge
In Australien läuft eine weibliche Bartagame auf dem sandigen Boden umher. Mit ihren Vorderbeinen gräbt sie eine Höhle. Nun legt sie 20 Eier hinein. 1, 2, 3 … 20. Dann schüttet sie Sand über die Eier und krabbelt weg.	*auf allen vieren umherlaufen – stehen bleiben und mit den Händen graben – sich umdrehen und bis 20 zählen – Grabbewegungen mit den Händen, wegkrabbeln*
Nach 70 Tagen schlüpfen die Jungen aus den Eiern. Mit ihrem Eizahn ritzen sie die Schale auf und recken ihren Kopf heraus. Nun winden sie sich aus der Schale heraus. Sogleich gehen sie auf Futtersuche.	*stehen bleiben – Zeigefinger über der Nase kurz hin- und herbewegen, Kopf nach oben strecken – linke und rechte Schulter im Wechsel vor- und zurückbewegen – auf allen vieren krabbeln*
Eine der jungen Bartagamen entdeckt eine Pflanze. Sie leckt mit der Zunge daran. Mmh, riecht gut! Hungrig frisst sie die Pflanze. Wie schön! Eine Grille sitzt auf einem Stein. Die Bartagame schleicht sich heran. Blitzschnell schnappt sie sich die Grille mit ihrer langen Zunge. Genüsslich kaut sie das Tier.	*stehen bleiben – Zunge rausstrecken und Leckbewegung – kauen – mit dem Finger auf „Grille" deuten – anschleichen – Mund öffnen, Zunge rausstrecken, Mund schließen – kauen*
Dort drüben auf dem steinigen Boden begegnen sich zwei große Männchen. Beide wollen ihr Revier verteidigen. Um sich zu imponieren, nicken sie heftig mit ihrem Kopf. Dann drücken sie sich flach auf den Boden. Keiner gibt nach! Jetzt umkreisen sie sich und versuchen, sich zu beißen. Doch plötzlich gibt ein Männchen auf. Es macht eine Demutsgeste: Es winkt mit einem Vorderbein und bewegt langsam den Kopf auf und ab. Dann flieht es.	*je 2 Kinder stehen sich im Vierfüßler gegenüber – mit dem Kopf nicken – auf den Bauch legen – umeinander herumkrabbeln, versuchen an die Beine des anderen zu gelangen, Mund öffnen und schließen – „Verlierer" macht mit der Hand eine kreisförmige Bewegung und bewegt langsam den Kopf auf und ab – der „Verlierer" krabbelt schnell weg*
Der Sieger klettert auf einen Felsen, streckt den Kopf nach oben und sonnt sich genüsslich. Mmh! Die Wärme tut gut!	*„Sieger" macht Kletterbewegung mit den Händen nach oben, legt sich auf den Bauch und stützt die Unterarme ab.*

Tipp: *Absatz 4 wird mit verteilten Rollen gespielt. Legen Sie evtl. vorher fest, wer den Sieger und wer den Verlierer spielt.*

Frettchen

Ausmalvorlage/Steckbrief

Systematik/Herkunft	Frettchen gehören zur Familie der Maderartigen und stammen vom Iltis ab. Iltisse wurden schon im 4. Jahrhundert vor Christus zur Bekämpfung von Ratten und Mäusen in Getreidespeichern eingesetzt. Im Laufe der Jahrhunderte züchteten die Menschen aus dem Iltis das Frettchen.
Aussehen/Merkmale	Raubtiergebiss mit spitzen Fangzähnen; jeweils 5 Zehen mit langen, nicht einziehbaren Krallen; Tasthaare; langer Schwanz; Fell besteht aus der wärmenden weichen Unterwolle und aus dem härteren langen Deckhaar; kurze Beine; beim Laufen ist der Rücken nach oben gewölbt; ausgeprägter Eigengeruch; sie reinigen mit Zunge, Zähnen und Krallen ihr Fell; sind sehr neugierig, verspielt, lebhaft und voller Tatendrang; brauchen viel Freilauf (täglich mehrere Stunden); mögen den Kontakt zum Menschen; kaum erziehbar; lieben Abwechslung (Spielzeug sollte alle paar Tage ausgewechselt werden). **Gemeinsamkeiten mit dem Iltis:** Zu viel Futter wird in einem Versteck gelagert, beide haben einen starken Jagdtrieb und buddeln gerne in Mäuselöchern; sie haben wie alle Marder Analdrüsen, die ein stark riechendes Sekret absondern, das zur Reviermarkierung und Feindabwehr dient. Diese „Duftstoffe", riecht der Mensch, wenn Frettchen Angst haben oder beispielsweise aufdringliche Rudelgenossen abschrecken wollen.

Frettchen

Steckbrief

Sinne	gutes Hörvermögen (sie lernen, auf ein bestimmtes Geräusch, beispielsweise ihren Namen, zu kommen), bewegte Dinge werden besser wahrgenommen als unbewegte; guter Geruchssinn.
Lautäußerungen	**Muckern (göög-göög …):** Frettchen sind zufrieden; **Gockern (gög-gög …):** Frettchen sind aufgeregt, beispielsweise bei der Erkundung einer neuen Umgebung; **Fauchen:** bei Meinungsverschiedenheiten untereinander; **Quieken (ähnlich einem Ferkel):** bei großen Streitereien; **Keckern (helles, lautes Quieken):** bei leichtem Schmerz; **Bellen (kurzer, schriller Schrei):** bei Angst und Erschrecken, meist mit Entleeren der Analdrüse.
Körpersprache	**heftiges Schwanzschlagen:** Frettchen ist in Jagdfieber; **Sträuben der Schwanzhaare:** Frettchen ist aufgeregt; **mit dem Kopf hin und herschlagen:** gute Laune; **leichtes Beißen:** spielerischer Übermut; **heftiges Beißen:** Je stärker die Beißereien, desto unausgeglichener ist das Tier; der Besitzer sollte sich mehr mit dem Tier beschäftigen, damit es wieder zufriedener wird; **unruhig mit erhobenem Schwanz rückwärts gehen:** Bald wird ein „Häufchen“ abgesetzt.
Aktivitätszeit	Der Iltis ist nachtaktiv, doch das Frettchen hat sich weitgehend dem Rhythmus des Menschen angepasst. Länge und Häufigkeit der Aktivitätsphasen hängt vom Alter, dem Wetter, von den Fütterungszeiten und der Laune der Tiere ab.
Lebenserwartung	etwa 7–10 Jahre
Haltung	paarweise oder in der Gruppe
Unterbringung/ Ausstattung	Frettchen können in einem großen Käfig (innen oder draußen), in einem abgetrennten Raum oder frei in der Wohnung leben. Da Frettchen nachts gerne den Schlafplatz wechseln, brauchen sie mehrere Schlafplätze (beispielsweise Schlafhaus mit Kuscheltüchern, Hunde- oder Katzenkörbchen mit Decken, Hängematte); stabiler Fress- und Wassernapf; mehrere Katzentoiletten; Versteckmöglichkeiten wie eine Pappschachtel mit knisterndem Material, Röhren oder Spieltunnel zum Durchflitzen und Klettern.
Nahrung	Frischfleisch, Fisch, Trockenfutter, wenig Feuchtfutter, wenig Grünfutter, wie beispielsweise Paprika oder Gurke, frisches Wasser; Futter immer zur freien Verfügung hinstellen, da die Tiere häufig am Tag fressen müssen.

Frettchen

Steckbrief

Pflege **täglich:** füttern, Wasser bereitstellen, Katzentoiletten reinigen, Futter- und Wassernäpfe mit heißem Wasser auswaschen, Boden von Käfig, Zimmer oder Wohnung wischen, verstecktes Futter wegräumen, damit es nicht verdirbt;
wöchentlich: Kuscheltücher und Decken gegen frisch gewaschene austauschen, Talgabsonderungen an Möbeln, Spielgeräten usw. abwaschen;
alle paar Wochen: Tiere wiegen, Krallen schneiden, Ohren reinigen, bei Verschmutzung, beispielsweise durch Kot, Frettchen im Waschbecken waschen.

Nachwuchs Kurz vor der Geburt beginnt das Weibchen ein Nest zu bauen. Darin werden dann bis zu 14 nackte, blinde, taube und zahnlose Welpen geboren. Nachdem die Kinder von der Mutter gesäubert wurden, beginnen sie mit dem Trinken. Bis zur 3. Woche säugt und säubert die Mutter regelmäßig ihre Jungen. Immer wenn sich die Mutter entfernt, beginnen die Kleinen zu fiepen. Ab der 2. Woche brechen die Zähne durch, der Gehörgang öffnet sich und die Jungen probieren festes Futter. Nach 4 Wochen öffnen sich die Augen, die Kinder erkunden ihre Umgebung und spielen miteinander.
Auch lagern sie Futter in nahe Verstecke. Nach 6 Wochen trinken sie kaum mehr Milch und suchen häufiger eigene Schlafplätze auf. Nach der 12. Woche kann der Nachwuchs von der Mutter getrennt werden.

Frettchen

Sachgeschichte

„Such mich doch“, rufe ich meiner Freundin Frieda zu. Rasant biegt sie in den Tunnel ein, rennt auf mich zu, purzelt über mich drüber und flitzt auf der anderen Seite wieder nach draußen. Sogleich folge ich ihr, ergreife sie mit meinen Krallen und beiße sie leicht ins Fell. Dann hüpfe ich in einen Pappkarton und wühle mit meiner Schnauze zwischen zusammengeknülltem Zeitungspapier. Frieda springt in die Hängematte und schaukelt zufrieden hin und her. Mit einem Satz hüpfe ich zu ihr, schubse sie mit meiner Pfote, sodass sie herunterfällt. Nachdem ich noch sechsmal durch den Spieltunnel gefetzt bin, schlage ich den Kopf hin und her und muckere immer wieder: „Göög, göög, göög.“

Während Alina, die Tocher unseres Besitzers, mich streichelt, höre ich sie begeistert ihrem Vater zurufen: „Unsere Frettchen haben viel Spaß miteinander und fühlen sich richtig wohl. Weshalb heben Frettchen ihren Rücken beim Laufen immer nach oben? Das sieht ja aus wie ein Katzenbuckel.“ „Das Frettchen zieht seine Hinterbeine während dem Laufen unter den Körper, dadurch wird der Rücken hochgedrückt“, erklärt der Papa seiner Tochter.

Ratsch!
Blitzschnell habe ich die Brille von Alinas Kopf geklaut, fetze zum Tunnel und verstecke sie dort.
„He, du freches Frettchen, gib meine Brille her“, empört sich Alina, steckt ihren Kopf in den Tunnel und tastet nach ihrer Brille.
„Frettchen stellen schon wirklich viel Blödsinn an“, lacht Papa, „sie lernen einfach nicht, was sie dürfen und was nicht.“

Als wir vor einigen Wochen noch kein eigenes Zimmer hatten, machten wir noch viel mehr Blödsinn. Frieda und ich räumten die CDs und Bücher aus dem Wohnzimmerschrank, wühlten in der Erde der Zimmerpflanzen und versteckten mehrere Schuhe. Wir sind eben äußerst neugierig, lebhaft und verspielt. Schnell aufgepasst! Alina greift gerade mit ihrer Hand nach der Brille. Übermütig zwicke ich sie leicht in den Finger.

„Nicht zwicken, Freddy“, mahnt mich Alina. „Hat er dich stark gebissen?“, fragt Vater besorgt. „Nein, nein“, beruhigt Alina ihren Vater, „er hat mich gar nicht verletzt, das machen Freddy und Frieda manchmal, wenn sie übermütig sind und spielen möchten.“

Eine ganze Weile spiele und tobe ich ausgelassen mit Frieda. Plötzlich lässt Frieda ein Kotwürstchen auf den Boden fallen. „Nicht auf den Boden machen“, ruft Papa leicht vorwurfsvoll und setzt Frieda sofort auf das Katzenklo. Doch das Geschäft ist schon erledigt.

Auch wenn wir Frettchen grundsätzlich das Katzenklo benutzen, kann es mal passieren, dass wir während einem interessanten Spiel einfach vergessen, daraufzugehen. Nachdem Papa das Häufchen entfernt hat, füllt Alina unseren Fressnapf

mit frischen Fleischbrocken. Hungrig stürzen wir uns darauf und kauen genüsslich auf dem Fleisch herum. So wie unsere wilden Vorfahren, die Iltisse, sind auch wir hauptsächlich Fleischfresser und schleppen manchmal Futterreste in Verstecke. Ich packe ein Fleischstück mit meinen Zähnen und trage es ins Schlafkörbchen.

„Du bist doch kein Iltis in freier Natur, du brauchst keinen Vorrat sammeln", meint Papa, krault mich hinter den Ohren und nimmt das Fleischstück an sich. „Gute Nacht, ihr Lieben", ruft Alina fröhlich und verlässt mit ihrem Vater das Zimmer.

Frieda und ich kuscheln uns auf die weiche Decke unseres Körbchens und schlafen bald ein. Nach 3 Stunden wache ich auf, laufe ein paar Schritte umher und lege mich in die Hängematte. Zwei Stunden später schlüpfe ich dann ins Schlafhäuschen und träume noch etwas vor mich hin. Wir Frettchen wechseln einfach gerne während der Nacht unsere Schlafplätze. Am nächsten Morgen kommt Alinas Mutter ins Zimmer und legt mir ein Halsband mit Leine um.

„Frieda, wach auf, wir dürfen gleich spazieren gehen", schreie ich fröhlich und springe übermütig kreuz und quer durchs Zimmer. Nachdem wir gefrühstückt haben, führen uns Mutter, Vater und Alina raus auf die Wiese. Neugierig schnüffeln wir an Gräsern, Blumen und Bäumen. „Schau mal, Freddy, was ich entdeckt habe", ruft mich Frieda aufgeregt, „hier ist ein tolles Mäuseloch."

Sogleich fängt sie mit ihren spitzen Krallen das Graben an. So wie die Iltisse nach Mäusen buddeln, lieben auch wir es, zu graben. Eifrig helfe ich Frieda beim Buddeln. Am liebsten würde ich eine Maus fangen und sie auffressen. Wir graben und graben, doch leider ist keine Maus in Sicht. Nicht so schlimm, wir sind ja noch satt vom Frühstück! Fröhlich laufen wir weiter.

Auf einmal kommt ein kleiner Hund auf uns zugerannt und springt mich laut bellend an. „Hör auf damit", meckere ich ihn an und zwicke ihn ins Bein. Doch er hört einfach nicht auf. Na warte! Schnell sondere ich aus meiner Stinkdrüse einen eklig riechenden Duftstoff aus. Angewidert schnüffelt der Hund umher und ergreift die Flucht. So eine Stinkdrüse zu haben, ist wirklich sehr praktisch! Nachdem Frieda und ich in einem Maulwurfhügel gegraben haben und einen Baumstamm entlangbalanciert sind, gehen wir wieder nach Hause.

„Freddy hat Hundekot am Fell", stellt Alina fest und lässt Wasser ins Waschbecken laufen. Sie hebt mich hoch und setzt mich ins flache Wasser. Begeistert laufe ich im Waschbecken auf und ab, während mir Alina das Fell wäscht. Nach unserem aufregenden Ausflug spielen, toben und kuscheln wir wieder in unserem Zimmer. So ein Frettchenleben ist wirklich schön!

Frettchen

Bilderquiz

1. Wie sieht ein Frettchen beim Laufen aus?

a) ☐ Der Rücken ist wie ein Katzenbuckel nach oben gewölbt.

b) ☐ Es hält immer seinen Schwanz nach oben.

2. Macht ein Frettchen gerne Blödsinn?

a) ☐ Ja, es buddelt beispielsweise in einer Zimmerpflanze.

b) ☐ Nein, Frettchen spielen nur mit ihrem Spielzeug.

3. Sucht ein Frettchen immer eine Toilette auf?

a) ☐ Ja, es sucht immer ordentlich sein Klo auf.

b) ☐ Nein, es kann passieren, dass es mitten im Zimmer sein Häufchen setzt.

4. Kann man mit einem Frettchen draußen spazieren gehen?

a) ☐ Ja.

b) ☐ Nein, Frettchen haben große Angst vor Hunden.

Frettchen

Textquiz

1. Was brauchen Frettchen, um sich wohlzufühlen?

a) ☐ sehr viel Ruhe
b) ☐ viel Bewegung
c) ☐ viele Spielmöglichkeiten

---

2. Weshalb beißt ein Frettchen Menschen?

a) ☐ weil das Frettchen ihnen wehtun möchte
b) ☐ weil es etwas zum Fressen will
c) ☐ weil es übermütig ist und spielen möchte

---

3. Was fressen Frettchen hauptsächlich?

a) ☐ Gemüse
b) ☐ Fleisch
c) ☐ Obst

---

4. Was machen Frettchen mit übrig gebliebenem Futter?

a) ☐ Sie bringen es in ein Versteck.
b) ☐ Sie fressen immer alles gleich auf.
c) ☐ Sie spucken es dem Menschen vor die Füße.

---

5. Was machen Frettchen genauso wie Iltisse?

a) ☐ Sie buddeln in der Erde.
b) ☐ Sie schwimmen gern im Fluss.
c) ☐ Sie jagen nach Mäusen.

---

6. Wie wehrt sich ein Frettchen gegen Hunde?

a) ☐ Es schlägt dem Hund seinen Schwanz ins Gesicht.
b) ☐ Es zwickt den Hund ins Bein.
c) ☐ Es sondert einen Duft aus seiner Stinkdrüse aus.

---

7. Was ist zu tun, wenn das Fell der Frettchen zum Beispiel mit Hundekot verschmutzt ist?

a) ☐ Das Fell sollte im Waschbecken gewaschen werden.
b) ☐ Das Frettchen sollte in einer Badewanne schwimmen.
c) ☐ Gar nichts, Frettchen reinigen sich gegenseitig das Fell.

Frettchen

Bewegungsgeschichte

Text	Bewegungsvorschläge
Hurra, die Frettchen dürfen heute einen Spaziergang an der Leine machen. Fröhlich flitzen sie im Garten umher. Immer wieder schnüffeln sie neugierig an Pflanzen, Bäumen und Blumen. Dann trinken sie ein paar Schlucke aus dem Gartenteich.	*Frettchen (F) laufen im Vierfüßler umher – Besitzer (B) hält sein Frettchen am Seilende fest – F bleiben gelegentlich stehen und schnuppern – F beugt sich und schlürft*
Auf einer großen Wiese entdecken die Frettchen plötzlich ein Mäuseloch. Sofort beginnen sie das Buddeln. Wo ist nur die Maus, wahrscheinlich außer Haus. Der Besitzer möchte weitergehen und zieht an der Leine. Gut gelaunt marschieren alle weiter.	*stehen bleiben, F führen mit den Händen Grabbewegungen aus – B zieht an der Leine und ermahnt F weiterzulaufen – spazieren gehen wie im 1. Absatz*
Achtung! Da vorne nähert sich eine Katze. Das Frettchen schnuppert neugierig an ihrem Fell. Das mag die Katze gar nicht. Sie macht einen Katzenbuckel und faucht grimmig. Dabei versucht sie, mit ihrer Pfote das Frettchen zu schlagen.	*Katze (K) nähert sich – F schnuppert an K – K wölbt den Rücken nach oben, öffnet den Mund und gibt mehrmals Fauchlaute („chchch“) von sich – K faucht weiter und schlägt mehrmals eine Hand vor das Gesicht von F*
Das Frettchen sondert eine Flüssigkeit aus der Stinkdrüse ab. Igitt, wie das stinkt, die Katze ergreift die Flucht. Ein Hund möchte mit dem Frettchen spielen und bellt übermütig. Das Frettchen gockert zurück. Sie stupsen sich mit den Pfoten. Dann wälzen sie sich am Boden.	*K entfernt sich, nähert sich wieder als Hund (H) – H bellt – F ruft mehrmals „gög, gög“ – H und F stupsen sich mit den Händen – auf dem Rücken wälzen, übereinanderrollen*
Der Hundebesitzer pfeift, der Hund folgt und rennt weg. Die Spaziergänger laufen nach Hause. Dort werden die Frettchen mit Fleisch gefüttert. Nun reinigt der Besitzer die Ohren und schneidet die Krallen. Fröhlich toben und spielen die Frettchen miteinander.	*Sprecher des Textes pfeift – H entfernt sich – spazieren gehen wie im 1. Absatz – Seil abbinden – B stellt „Schüssel“ vor F, F kaut – B fährt über Ohr von F, imitiert Krallenschneiden – F toben und spielen nach eigener Fantasie*

Tipp: *Legen Sie vor Beginn fest, wer welche Rolle spielt. Legen Sie jedem Frettchen ein lockeres Seil als Leine um die Achseln.*

Hamster (Goldhamster)

Ausmalvorlage/Steckbrief

Systematik/Herkunft	Hamster sind Nagetiere und gehören zur Familie der Wühler. Weltweit gibt es etwa 20 Hamsterarten, die nur in Europa und Asien wild vorkommen. Die größte aller Hamsterarten ist der bei uns wild lebende Feldhamster, der sich jedoch nicht für die Haustierhaltung eignet. Als Heimtiere werden Goldhamster und einige Zwerghamsterarten gehalten.
Aussehen/Merkmale	Größe: bis zu 18 Zentimeter, Zwerghamster kleiner; ständig nachwachsende Schneidezähne; 4 Zehen an Vorderbeinen (5. Zehe zurückgebildet), 5 Zehen an Hinterbeinen; zartes und zerbrechliches Skelett (fallen Hamster beispielsweise von einem Tisch, brechen sie sich oft die Knochen); putzt sich sein Fell mit Pfoten und Zunge; mit Hilfe der großen Backentaschen kann der Hamster Nahrung oder Polstermaterial in seinen Bau transportieren. Hamster markieren ihre Umgebung, indem sie ein Sekret aus Drüsen absondern. In freier Natur halten Hamster Winterschlaf, als Heimtier jedoch nicht, da dies für den Organismus zu belastend wäre. Hamster brauchen viel Bewegung, können gut klettern und verstecken sich gerne. Bei Lärm oder Veränderung (beispielsweise neuer Käfig) fühlen sie sich sehr leicht gestresst.

Hamster (Goldhamster)

Steckbrief

Sinne Hamster sind kurzsichtig und können nur bis zu einem Meter scharf sehen; guter Hörsinn, können Laute im Ultraschallbereich wahrnehmen; Geruchssinn am besten entwickelt, durch Gerüche lassen sich Hamster gegenseitig Botschaften zukommen (beispielsweise über ihr Geschlecht und über ihr Territorium); durch die Tasthaare im Schnauzenbereich können Hamster in der Dunkelheit beispielsweise die Größe der Kammern und Röhren im Bau erkennen.

Lautäußerungen Hamster quieken oder kreischen, wenn sie Schmerz empfinden. Junge Hamster geben „Verlassenheitsrufe“ im Ultraschallbereich ab, wenn beispielsweise die Mutter sich vom Nest entfernt hat. Menschen oder Fressfeinde können diese Laute nicht wahrnehmen. Zähneklappern oder -knirschen deutet eine Drohgebärde an.

Körpersprache **Gähnen und strecken:** Der Hamster ist sehr entspannt;
Nase in kurzen Abständen auf den Boden setzen: Hamster erkundet Umgebung, läuft er dabei besonders hektisch umher, sucht er Futter;
Kriechen: Der Hamster fühlt sich unsicher oder bedroht.
Aufrichten des Oberkörpers: Hamster nimmt Umweltreize wie beispielsweise Gerüche oder Töne wahr;
Zähne wetzen/Fauchen/Beißen: Aggression, beispielsweise gegen einen fremden Artgenossen;
Auf den Rücken werfen: Der unterlegene Hamster drückt seine Demut aus und löst dadurch beim Kampfpartner eine Beißhemmung aus.

Aktivitätszeit Hamster werden am Abend wach und sind die ganze Nacht munter. Tagsüber schlafen sie ausgiebig, deshalb sind sie für kleinere Kinder als Haustier ungeeignet.

Lebenserwartung Goldhamster etwa 4 Jahre, Zwerghamster etwa 3 Jahre

Haltung Ein Hamster sollte immer allein gehalten werden, da Hamster, abgesehen von der Paarungszeit, auch in der Natur allein leben.

Unterbringung/ Ausstattung nur Zimmerhaltung; großer Käfig (mind. 80 cm x 40 cm bei Goldhamster, bei Zwerghamster mind. 60 cm x 30 cm); Einstreu; zusätzliche Etagen, die mit Leitern oder Rampen verbunden sind; Schlafhäuschen mit aufklappbarem Deckel; größeres Laufrad (eine Seite geschlossen, ohne Zwischenräume wegen Verletzungsgefahr); Futternapf; Nippeltränke; Holzleiter zum Klettern; Gefäß für Heu.

Hamster (Goldhamster)

Steckbrief

Nahrung pflanzliches Trockenfutter auf Getreidebasis; Frischfutter wie Gemüse und Obst; Heu mit frischen Wiesenkräutern; Salzleckstein, Nagematerial (beispielsweise frische Zweige) zum Abschleifen der Zähne; 2–3 Mal pro Woche eine Extraportion Eiweiß (beispielsweise Mehlwürmer oder Quark).

Pflege **täglich:** füttern, Wasser bereitstellen; Frischfutterreste entfernen;
2 Mal wöchentlich: Toilettenecke säubern;
wöchentlich: Futternapf und Nippeltränke mit heißem Wasser reinigen;
alle 3 bis 4 Wochen: Käfig reinigen (nach der Reinigung sollte die Käfigeinrichtung genauso wie vorher sein, da jede Veränderung den Hamster beunruhigt).

Nachwuchs **am Beispiel von Goldhamstern:**
Nach der Paarung beginnt das Weibchen, das Nest mit weichem Material (beispielsweise Heu) auszupolstern. Nach nur 16–19 Tagen werden im Durchschnitt 8 rosafarbene und nackte Jungen in einem unterirdischen Bau bzw. im Schlafhäuschen geboren. Das Weibchen braucht während der Geburt absolute Ruhe. Schon bei der kleinsten Störung (in der Natur beispielsweise nahende Räuber) kann es passieren, dass es die Geburt abbricht, sich nicht um die Jungen kümmert oder sie sogar auffrisst. In der Natur vermeidet das Weibchen dadurch unnötige Energieverschwendung in einen Wurf, der nicht überleben kann.
Am 2. Tag beginnen die Haare zu sprießen, nach dem 4. Tag öffnet sich der Gehörgang. Nach 10 Tagen können die Kleinen vorwärtskriechen, jedoch erst nach 2 Wochen öffnen sich die Augen. Nach 3 Wochen bewegen sich die Jungen wie ihre Mutter, und auch ihr Fell ist vollständig gewachsen. Die Kinder nehmen nun ausschließlich feste Nahrung zu sich und trinken kaum mehr bei ihrer Mutter. Nach 5 oder 6 Wochen werden die Hamster getrennt.

Hamster (Goldhamster)

Sachgeschichte

„Ich finde es echt schade, dass Hamster tagsüber immer schlafen! Oh, jetzt ist Hermann endlich aufgewacht“, höre ich eine Stimme neben meinem Käfig. Neugierig krieche ich aus meinem Schlafhäuschen. Ich reiße mein Mäulchen auf, gähne herzhaft und strecke mich ausgiebig. Es ist Abend, und ich kann sehen wie die Sonne untergeht. Wie jeden Abend putze und pflege ich erst mal mein Fell, nachdem ich ausgeschlafen habe. Mit meinen Vorderpfoten streiche ich mehrmals über meinen Kopf und meine Ohren, dann lecke ich meine Hinterpfoten. Da ich mich selbst jeden Abend sauber mache, brauche ich keine Badewanne so wie die Menschen.

Nun laufe ich zu meinem Futternapf, ergreife ein Getreidekorn mit meinen Vorderpfoten, beiße ein Stück ab und kaue ausführlich. Nachdem ich einige Körner verschlungen habe, fresse ich etwas frisches Obst und Gemüse. Nun sauge ich aus meiner Nippeltränke einige Tropfen Wasser.
Mmh, alles frisch, da kann ich mich nicht beschweren. Obwohl Miriam erst acht Jahre alt ist, kümmert sie sich sehr gut um mich. Wie schön! Sie hat einen frischen Zweig in den Käfig gelegt. Sogleich nage ich ausführlich daran.
Meine Vorderzähne wachsen nämlich ständig nach. Durch das Nagen am Zweig werden die Zähne schön abgeschliffen. So, und nun noch etwas Fitnesstraining. Flink steige ich in mein Laufrad und drehe einige Runden. Das macht wirklich Spaß!

Wir Hamster lieben es, uns zu bewegen. Nun klettere ich meine Leiter hoch, laufe über eine Brücke und an einem Ast wieder nach unten. Oh, ein Geräusch hat mich erschreckt, schnell krieche ich in mein Häuschen. Vorsichtig strecke ich mein Schnäuzchen heraus. Was war das nur für ein Geräusch? Wir Hamster sind nämlich sehr lärmempfindlich und erschrecken uns sehr leicht. Ah, jetzt weiß ich, woher das Geräusch kam. Meine Käfigtür wurde geöffnet und eine Hand liegt auf dem Käfigboden. Neugierig komme ich aus meinem Versteck gelaufen und schnuppere an der Hand.
Es ist die Hand von Miriam, ich erkenne sie eindeutig am Geruch. Mein Geruchssinn ist nämlich hervorragend ausgebildet. Da rieche ich doch noch etwas Leckeres! Vorsichtig krabbele ich auf die Hand und nähere mich einem grünlichen runden Stück.

Mmh, lecker! Eine süße Weintraube, die hat es schon lange nicht mehr gegeben! Ich ergreife die Weintraube mit meinen Vorderpfoten und beiße gierig hinein. Zufrieden kaue ich darauf herum. Auf einmal bewegt sich die Hand aus der Käfigtür heraus und senkt sich langsam auf den Teppichboden. Wie schön, Freilauf ist angesagt! Sofort laufe ich von der Hand runter und erkunde die Umgebung. Immer wieder setzte ich meine Nase auf den Boden und schnuppere umher.

Hamster (Goldhamster)

Sachgeschichte

„Sarah, kannst du mal auf Hermann aufpassen“, höre ich Miriams Stimme, „ich muss nämlich den Käfig sauber machen.“ „Gerne“, ruft Sarah und hält mich sogleich mit ihren Händen fest, um mich zu streicheln. Nach kurzer Zeit versuche ich, mich aus Sarahs Hand zu befreien. „Lass ihn vorsichtig wieder runter“, mischt sich Miriam ein, „Hamster wollen nicht lange angefasst und gestreichelt werden.“

Na endlich, jetzt kann ich wieder umherlaufen. „Bist du schon mit dem Käfigputzen fertig?“, will Sarah wissen. „Ja, gleich“, antwortet Miriam, „den Futternapf und die Nippeltränke habe ich schon mit heißem Wasser ausgewaschen und die eingetrockneten Obst- und Gemüsereste von gestern habe ich auch schon beseitigt. Jetzt muss ich nur noch die Toilettenecke säubern. Das geht aber schnell, denn Hamster machen immer in die gleiche Käfigecke.“ Oh nein, jetzt werde ich schon wieder hochgehoben, diesmal lande ich auf dem Tisch. Neugierig krabble ich umher. Das ist ja aufregend hier, Miriam lässt mich nie auf dem Tisch krabbeln. Oh, meine Tasthaare spüren auf einmal einen Abgrund, sofort halte ich an.

„Nimm ihn sofort runter“, erschrickt mich plötzlich Miriams Stimme. Schnell ergreift sie mich und setzt mich auf den Boden. „Hamster haben ein zerbrechliches Skelett und können sich Knochen brechen, wenn sie herunterfallen“, erklärt Miriam ihrer Freundin. „Aber er hat doch an der Tischkante angehalten“, verteidigt sich Sarah. „Ja, schon“, erwidert Miriam, „trotzdem ist es zu gefährlich, Hermann könnte auf dem glatten Tisch ausrutschen und runterpurzeln.“

Eine ganze Weile sehen mir die beiden Mädchen bei meinem Spaziergang zu. Ich klettere über einige Holzbausteine und laufe durch die Löcher vieler Schuhschachteln. Das macht richtig Spaß! Auch in der Natur kriechen Hamster durch unterirdische Gänge. Nach einer Weile eile ich die Rampe zu meiner Käfigtür hoch und stopfe mir immer wieder Heu in meine großen Backentaschen. Nun krieche ich in mein Schlafhäuschen, entleere meine Backentaschen und polstere meinen Schlafplatz mit dem Heu gemütlich aus.

Plötzlich hebt sich über mir das Dach, und Miriam ruft: „Schau mal, Sarah, was Hermann alles gehamstert hat. Ganz viele Körner hat er in seinen Backentaschen transportiert und hier gelagert.“ „Weshalb tut er das?“, fragt Sarah erstaunt. „In Syrien oder der Türkei, wo Goldhamster herkommen, ist es so heiß, dass die Pflanzen nur etwa 2 Monate wachsen. Hamster, die dort leben, müssen sich also einen Fressvorrat in ihrem Bau anlegen, sonst würden sie verhungern“, erklärt Miriam. „Aber hier verhungert doch Hermann nicht“, meint Sarah verwundert. „Da hast du recht“, lacht Miriam, „aber das Hamstern ist ihm angeboren, deshalb tut er dies auch hier.“ Ja, das stimmt allerdings, wir Hamster hamstern einfach gerne, deshalb schaut mein Futternapf auch immer so leer gefressen aus.

Hamster (Goldhamster)

Bilderquiz

1. Wann werden Hamster munter?

a) ☐ am Morgen, wenn die Sonne aufgeht

b) ☐ am Abend

2. Wie hält ein Hamster sein Fell sauber?

a) ☐ Der Hamster putzt und pflegt sein Fell mit Hilfe der Pfoten und der Zunge.

b) ☐ Der Hamster muss einmal die Woche gebadet werden.

Hamster (Goldhamster)

Bilderquiz

3. Was macht ein Hamster, um sich genug zu bewegen?

a) ☐ Er läuft in seinem Laufrad oder klettert die Leiter hoch.

b) ☐ Er läuft viele Male auf dem Balkon auf und ab.

4. Darf man einen Hamster hoch über dem Boden absetzen, zum Beispiel auf einem Tisch?

a) ☐ Ja, er bleibt immer in der Mitte des Tischs.

b) ☐ Nein, er könnte vom Tisch fallen.

Hamster (Goldhamster)

Textquiz

1. Was fressen Hamster?

a) ☐ Getreidekörner

b) ☐ frisches Obst und Gemüse

c) ☐ nur Nüsse

---

2. Weshalb liegt im Hamsterkäfig oft ein frischer Zweig?

a) ☐ weil er so gut riecht und man so schön darüberspringen kann

b) ☐ damit der Hamster durch das Nagen seine Zähne abschleifen kann

c) ☐ damit er ihn in seine Backentaschen stecken kann

---

3. Mag es ein Hamster, wenn er häufig gestreichelt wird?

a) ☐ Ja, er ist sehr verschmust und will dauernd angefasst werden.

b) ☐ Ja, vor allem tagsüber braucht er viel menschliche Wärme.

c) ☐ Nein, ein Hamster will nicht lange gestreichelt werden.

---

4. Was muss der Mensch alles reinigen und säubern?

a) ☐ den Futternapf, die Nippeltränke und die Toilettenecke

b) ☐ eingetrocknete Obst- und Gemüsereste beseitigen

c) ☐ das Fell des Hamsters mit einer Bürste säubern

---

5. Kriechen Hamster gerne beispielsweise durch Schuhschachteln mit Löchern?

a) ☐ Ja, auch in der Natur kriechen sie durch unterirdische Gänge.

b) ☐ Nein, in der Dunkelheit bekommen sie Angst.

c) ☐ Nein, Hamster finden Hinein- und Hinauskriechen viel zu anstrengend.

---

6. Welche Aufgabe haben die großen Backentaschen des Hamsters?

a) ☐ zum Zerkleinern der Nahrung

b) ☐ zum „Hamstern" von Futter

c) ☐ zum Transportieren von Polstermaterial wie beispielsweise Heu

---

7. Weshalb „hamstert" ein Hamster?

a) ☐ weil er immer großen Hunger hat und alles sofort auffressen will

b) ☐ weil er sich einen Fressvorrat anlegen will

c) ☐ um andere Hamster zu füttern

Hamster (Goldhamster)

Bewegungsgeschichte

Text	Bewegungsvorschläge
Schon den ganzen Tag schläft der kleine Hamster in seinem Häuschen. Als es dunkel wird, wacht er auf. Er gähnt und streckt sich und putzt sein Gesicht. Nun stellt er sich auf seine Hinterpfoten und schaut sich neugierig im Käfig um.	*eingerollt am Boden liegen – in den Fersensitz aufrichten – gähnen und die Arme von sich strecken – mehrmals beide Hände von hinten nach vorn über den Kopf ziehen – Po heben, Hände vor die Brust, umherschauen*
Nun läuft der Hamster zu seinem Futternapf. Hungrig frisst er viele leckere Körner. Dann schlürft er einige Tropfen Wasser aus seiner Nippeltränke. Jetzt steigt der Hamster in sein Laufrad und dreht fröhlich viele Runden.	*krabbeln – Finger vor den Mund halten (Hamster hält Korn in den Vorderpfoten), schnelle Kaubewegungen – schlürfen – zum Stehen kommen – am Platz laufen, dabei Hände vor der Brust bewegen*
Wie schön! Die Käfigtür wird gerade geöffnet. Schnell noch in die Ecke pinkeln und dann endlich hinaus. Gut gelaunt wandert der Hamster umher und schnuppert immer wieder am Boden. Fröhlich klettert er über Kissen und kriecht durch einen selbstgebastelten Tunnel.	*in die „Käfigecke“ krabbeln, „psss“ rufen, Käfigbegrenzung verlassen – umherlaufen, dabei immer wieder die Nase zum Boden senken – über die Kissen steigen, Unterarme auf den Boden aufsetzen, dabei vorwärtsbewegen (kriechen)*
Auf einmal klingelt es an der Tür. Ein Kind betritt das Zimmer. Es holt seinen Hamster aus dem Käfig, denn es möchte, dass die beiden Tiere miteinander spielen.	*„ding-dong“, „ding-dong“ rufen*
Die zwei Hamster krabbeln aufeinander zu. Fauchend stehen sie sich gegenüber. Sie gehen aufeinander los und versuchen, sich zu beißen.	*je 2 Kinder stellen sich einander gegenüber – bedrohlich fauchen – aufeinander losgehen und spielerisch miteinander kämpfen*
Schnell kommt die Mutter herbei und setzt die Hamster getrennt in ihre Käfige. Sie erklärt dem Kind, weshalb zwei Hamster nicht miteinander spielen. Wisst ihr den Grund?	*Antworten der Kinder abwarten, falls nötig erklären, dass Hamster in der Natur allein leben und eindringende Artgenossen versuchen zu vertreiben*

***Tipp:** Legen Sie einige Kissen übereinander gestapelt im Zimmer aus. Den Käfig jeden Kindes mit einem langen Seil o.Ä. kennzeichnen.*

Hund

Ausmalvorlage/Steckbrief

Systematik/Herkunft

Weltweit gibt es etwa 400 Hunderassen, welche in 10 Gruppen eingeteilt werden (beispielsweise Hüte- und Treibhunde, Terrier, Windhunde, Gesellschafts- und Begleithunde, …). Alle Hunde stammen von Wölfen ab. Ob sich der Wolf dem Menschen angeschlossen hat oder ob Frauen verwaiste Wolfswelpen aufgezogen haben, ist nicht endgültig erforscht. Die ersten Hunderassen gab es in Ägypten vor etwa 5000–6000 Jahren. Die meisten Hunde wurden früher zu einem bestimmten Zweck gehalten, beispielsweise zum Jagen, Hüten, Bewachen, als Schlittenzugtier oder zum Tragen von Lasten. Ab dem 19. Jahrhundert gab es in England die ersten Hundeausstellungen, und die ersten Zuchtverbände entstanden.

Aussehen/Merkmale

Das **Aussehen** ist je nach Hunderasse sehr verschieden. Es gibt hochbeinige schmale Hunde, aber auch kurzbeinige rundliche.
Gebiss: Ab dem 4. Monat werden die Milchzähne der Welpen durch 42 bleibende Zähne ersetzt. Am auffälligsten sind die vier Eckzähne zum Festhalten der „Beute". Die kräftigen Backenzähne dienen dem Zerteilen der „Beute".

Hund

Steckbrief

Geruch: Jeder Hund hat seinen individuellen Eigengeruch. Durch Beschnüffeln des Hinterteils (hier sitzen Duftdrüsen) oder des Kots kann ein Hund Botschaften herauslesen (zum Beispiel ob ein fremder oder befreundeter Hund oder eine paarungsbereite Hündin vorbeigelaufen ist).
Auslauf und Beschäftigung: Wie viel Auslauf und Beschäftigung Hunde brauchen, hängt von der Rasse ab. Manche Hunderassen muss man sehr viel und gezielt beschäftigen, da sie sich sonst geistig und körperlich unterfordert fühlen.
Erziehung: Der Hund sieht den Menschen als Rudelführer und ist bereit, ihm zu gehorchen. Ein paar Gehorsamsregeln, wie „Sitz“, „Platz“ oder „Komm“, sollte der Hund beherrschen. Erziehung, aber auch Spiel- und Beschäftigungsideen können Besitzer und Hund in einer Hundeschule erlernen.

Sinne kann kleinste Bewegungen auf großer Entfernung erkennen, nimmt jedoch unbewegte Dinge nicht besonders gut wahr; sieht in der Dämmerung besser als der Mensch; kann Farben erkennen, aber weniger und anders als Menschen; guter Gehör- und Geruchssinn, um einiges besser als beim Menschen.

Lautäußerungen **Bellen:** Je nach Situation bellt der Hund entweder aus Freude, aus Wachsamkeit oder aus Unsicherheit;
Winseln/Jaulen: Dem Hund ist langweilig, oder ihm tut etwas weh;
Knurren: Warnung an einen anderen Hund oder Menschen.

Körpersprache **Drohen/Aggressivität:** Hund fletscht seine Zähne;
Unsicherheit: angelegte Ohren und gesenkter Schwanz;
Hund ist entspannt: aufgestellte Ohren und leicht angehobener Schwanz;
Imponieren: Hund macht sich groß, sträubt die Rückenhaare, richtet Schwanz auf, Bewegungen wirken steif;
Respekt zeigen: angelegte Ohren, wedelt mit nach unten gerichtetem Schwanz, versucht, dem anderen Hund die Schnauze zu lecken (oder leckt in die Luft);
Unterwerfung: auf den Rücken legen, Schwanz einziehen, Blick abwenden;
Zurechtweisung von Junghunden: festeres Umfassen der Schnauze;
Anrempeln: passiert oft während dem Spiel; bei Konflikten zeigt der Hund seine Überlegenheit;
auf dem Boden wälzen: zeigt Zufriedenheit oder ist eine Aufforderung zum Bauchkraulen oder zum Spiel.

Hund

Steckbrief

Aktivitätszeit	tagaktiv
Lebenserwartung	etwa 10–15 Jahre
Haltung	einzeln oder zu mehreren
Unterbringung/ Ausstattung	Hundebett (Decke, Kissen oder Korb) zum Schlafen; Futter- und Wassernäpfe; Handtücher, um Nässe und Schmutz, beispielsweise nach einem Spaziergang abzuwischen; Hundeshampoo für stark verschmutztes oder riechendes Fell; Halsband und Leine; Bürste und Kamm zur Fellpflege; Zeckenzange; Faltnäpfe und Schlafdecke (Kissen) für unterwegs; evtl. Hundebox (beispielsweise für die Autofahrt); evtl. Hundepfeife (sehr nützlich, Hund muss aber darauf trainiert werden).
Nahrung	Fleisch, Gemüse, Obst in der Regel als Fertigfutter (Feuchtfutter/ Trockenfutter); Kauknochen, harte Hundekuchen o.Ä. zum Kauen; keine menschliche Nahrung geben, da oft zu gewürzt.
Pflege	füttern, Wasser bereitstellen. Hunde pflegen ihr Fell durch Lecken und Beknabbern selbst. Langhaarige Hunde müssen zusätzlich gebürstet werden, um Schmutz und Ungeziefer zu entfernen. Bei Bedarf: Augensekret entfernen, Ohren reinigen, Krallen kürzen, Kauartikel und/oder Zähneputzen, Zecken entfernen und rissige Ballen eincremen; regelmäßiges Impfen und Entwurmen.
Nachwuchs	Hündinnen sind zweimal im Jahr fortpflanzungsbereit (läufig), Rüden jederzeit. Nach der Paarung kommen nach etwa 2 Monaten 3–12 blinde und taube Welpen mit Fell zur Welt. Nachdem die Hündin die Welpen abgenabelt und trocken geleckt hat, trinken diese an Mamas Zitzen. Im Lauf der 3. Woche öffnen sich Augen und Ohren, und das Milchgebiss bricht durch. Nach 3–4 Wochen nehmen die Jungen zusätzlich zur Milch feste Nahrung zu sich, spielen und erkunden ihre Umgebung. Um die jungen Hunde an den Menschen zu gewöhnen, ist es wichtig, dass diese sich mit den Hunden viel beschäftigen und kuscheln. Um die Geräusche im Haus kennenzulernen, dürfen die Kleinen die Wohnung erkunden. Mit etwa 6 Wochen können die Hunde mit dem Menschen einen ersten Ausflug in die Natur machen. Nach der 8. Lebenswoche können die jungen Hunde abgegeben werden.

Hund

Sachgeschichte

„Timo, komm her!“, ruft mich mein Frauchen. Sofort tapse ich zu ihr und schaue sie erwartungsvoll an. Sie reißt ein Päckchen mit Futter auf. Aufgeregt springe ich sie mit meinen Vorderpfoten an. „Sitz!“, befiehlt sie mir und schaut mich mit leicht strenger Miene an.

Sogleich setze ich mich und warte. Nun schüttet sie das Futter in den Napf. Neugierig schnüffle ich daran. Mmh, lecker! Es riecht nach Hasenfleisch mit Gemüsestückchen. Hungrig kaue ich das Fleisch und lecke die Soße aus dem Napf. Nach dem Fressen kommt mein Frauchen wieder zu mir, streichelt mir liebevoll über den Kopf und breitet eine Decke aus. Nun ruft sie „Platz“. Ich gehorche und lege mich auf die Decke. Nun fährt sie mit einer Bürste über meine langen Haare. Heute gefällt mir die Bürstenmassage, aber manchmal würde ich lieber spielen, als still liegen zu bleiben. Hunde mit kurzen Haaren haben es einfacher, die müssen nicht gebürstet werden; da reicht es, wenn sie sich durch Lecken und Beknabbern selbst das Fell reinigen.

„Da hängt ja ganz schön viel Dreck und Ungeziefer in deinen Haaren“, stellt Frauchen fest und zeigt mir die Bürste. „Oh nein, du hast ja schon wieder eine Zecke, diesmal an deinem Ohr“, ruft sie, fasst an meine Ohren und nimmt die Zeckenzange in die Hand. „Schön stillhalten“, flüstert sie mit beruhigender Stimme und beugt sich über mich. Nach drei Sekunden ist die Zecke in der Zange, und ich darf endlich aufstehen. „Brav gemacht“, lobt sie mich und reicht mir zur Belohnung einen Kauknochen. Ich trage ihn mit meinem Maul auf mein Hundekissen und kaue genüsslich daran herum. Minka, unsere Katze, legt sich zu mir und maunzt mir erstaunt ins Ohr: „Das ist ja wirklich komisch bei euch Hunden, dass ihr dem Menschen gehorcht. Wir Katzen würden nie auf Kommandos wie „Sitz“ oder „Platz“ hören. „Das ist bei uns Hunden anders“, erkläre ich Minka, „die Wölfe, von denen wir abstammen, gehorchen auch ihren Rudelführern und halten sich an die Regeln. Der Mensch ist für uns eine Art Rudelführer, und deshalb sind wir bereit, dem Menschen zu gehorchen.“

Plötzlich klingelt es an der Tür. Neugierig renne ich hin. Ah, es ist Elena mit Tante Leonie. Freudig wedle ich mit dem Schwanz, belle laut und streiche um ihre Beine herum.

„Heute gehst du mit mir und Tante Leonie spazieren“, ruft Elena und hängt mir die Leine ans Halsband. Nachdem wir ein Stückchen am Gehsteig gelaufen sind, bleibe ich neben einer Laterne stehen und mache ein Häufchen auf den Gehweg. „Hast du das Tütchen dabei?“, fragt Tante Leonie, „hier in unserer Stadt sind Hundebesitzer verpflichtet, den Kot von Hunden wieder zu beseitigen, damit kein anderer reinsteigt.

Hundedreck stinkt nämlich fürchterlich!"
„Ja, natürlich", antwortet Elena, zieht ein Plastiktütchen aus ihrer Tasche und entfernt meine Hinterlassenschaft.

Endlich erreichen wir die Wiese. Elena nimmt die Leine ab und ich kann frei umherlaufen. Freudig schnüffle ich an Löchern, Baumstämmen und unter dem Laub. Wir Hunde können sehr gut riechen und hören, um einiges besser als ein Mensch.

„Komm, Timo, wir zeigen mal Tante Leonie, was du in der Hundeschule gelernt hast", ruft Elena und gibt mir die Anweisung „Platz". Brav lege ich mich auf den Boden. Nun gibt Elena das Kommando „Bleib". Sie dreht sich um und entfernt sich einige Schritte. Nach etwa 10 Metern bleibt sie stehen, dreht sich zu mir und ruft „Komm". Sofort renne ich zu ihr. „Fein gemacht", lobt mich Elena erfreut und steckt mir einen Leckerbissen ins Maul.

Auch Tante Leonie ist beeindruckt und klatscht Beifall. Uns Hunde kann man gut erziehen, aber wir lernen Dinge nur, wenn wir dafür eine Belohnung erhalten. In der Hundeschule bekam ich sehr oft einen Leckerbissen, wenn ich etwas richtig gemacht habe. Auch Streicheln ist eine Belohnung, denn schließlich sollen wir Hunde durch die vielen Leckereien nicht zu dick werden! Jetzt wirft Elena ein Stöckchen durch die Luft. Juchhu, dieses Spiel liebe ich! Sofort flitze ich los, halte neben dem Stöckchen an und trage es zu Elena zurück.

Plötzlich höre ich eine ärgerliche laute Männerstimme: „Komm sofort her, komm endlich her, du Sauköter!"

Neugierig schaue ich mich um. Was ist da bloß los? Ah, dort drüben auf den Feldern rennt ein Windhund hinter einem Hasen her.

„Weshalb verfolgt der Hund den armen Hasen?", fragt Tante Leonie, „will er ihn wohl fressen?" „Nein, nein", beruhigt Elena ihre Tante, „Hunde jagen einfach gerne. Diesen Jagdinstinkt haben sie noch von ihren Vorfahren, den Wölfen. Wölfe jagen allerdings im Rudel, deshalb hat der Hund hier alleine kaum eine Chance, den Hasen zu erwischen."

Hase und Windhund sind hinter einem Hügel verschwunden. Laut schimpfend läuft der Hundebesitzer seinem Sauköter, äh, ich meine Hund, hinterher. Ich würde jetzt am liebsten in den Bach springen, aber huch, wer schnüffelt mir da an meinem Hinterteil? Neugierig drehe ich mich um: „Hallo Dackel", begrüße ich den Kleinen und schnuppere ebenfalls an seinem Po. An dem Geruch seiner Duftdrüsen nehme ich wahr, ob ich ihn kenne. Nein, dieser Geruch ist mir unbekannt. Auf einmal wälzt sich der Dackel auf dem Boden. Aha, er möchte also mit mir spielen. Ich stupse ihn mit meiner Schnauze, und wir spielen Fangen. Übermütig springen wir in einen Bach, schwimmen umher und springen wieder heraus. So ein Hundeleben ist wirklich erfrischend schön!

Hund

Bilderquiz

1. Von welchem Tier stammt der Hund ab?

a) ☐ vom Luchs

b) ☐ vom Wolf

2. Was sollten Hundebesitzer machen, wenn ihr Tier einen Hundehaufen (Kot) auf dem Gehweg hinterlässt?

a) ☐ Den Kot mit einer kleinen Plastiktüte aufheben und entsorgen.

b) ☐ Laub darüberstreuen, damit man ihn nicht mehr sieht.

3. Weshalb jagen Windhunde einem Hasen hinterher?

a) ☐ Sie sind sehr verspielt und möchten mit dem Hasen spielen.

b) ☐ Sie haben den Jagdinstinkt der Wölfe in sich und jagen daher gerne.

4. Darf ein Hund in ein Gewässer springen, zum Beispiel in einen Bach?

a) ☐ Ja, Baden gefällt vielen Hunden.

b) ☐ Nein, Hunde mögen Wasser nicht und können nicht schwimmen.

Hund

Textquiz

1. Wie pflegt der Mensch das Fell eines langhaarigen Hundes?

a) ☐ Er bürstet das Fell des Hundes.

b) ☐ Gar nicht, der Hund pflegt sein Fell selbst.

c) ☐ Er entfernt Zecken.

---

2. Worin besteht ein wichtiger Unterschied zwischen Hunden und Katzen?

a) ☐ Katzen bellen nicht und fressen kein Fleisch.

b) ☐ Hunde gehorchen dem Menschen, da er der Rudelführer für den Hund ist.

c) ☐ Katzen gehorchen nicht auf Kommandos wie „Sitz“ oder „Platz“.

---

3. Wie gut kann ein Hund hören und riechen?

a) ☐ besser als ein Mensch

b) ☐ genauso gut wie ein Mensch

c) ☐ schlechter als ein Mensch

---

4. Wie erreicht ein Mensch, dass ihm ein Hund gehorcht?

a) ☐ Gar nicht, Hunde kann man nicht erziehen.

b) ☐ durch Strafen, wie beispielsweise kleine Schläge mit der Hundeleine

c) ☐ durch Belohnung, wie beispielsweise kleine Leckerbissen

---

5. Weshalb bringt ein Hund ein Stöckchen wieder, wenn dieses vom Menschen geworfen wurde?

a) ☐ weil er dieses Spiel mag

b) ☐ weil er gehorchen muss

c) ☐ um daran seine nachwachsenden Zähne abzuwetzen

---

6. Woran erkennt ein Hund andere Hunde wieder?

a) ☐ am Aussehen

b) ☐ am Geruch

c) ☐ an der Art des Herumwälzens

---

7. Weshalb wälzt sich ein Hund am Boden?

a) ☐ Er möchte sein Fell reinigen.

b) ☐ Er möchte imponieren.

c) ☐ Er möchte spielen.

Hund

Bewegungsgeschichte

Text	Bewegungsvorschläge
Gerade wacht Kara, die junge Hündin auf. Sie gähnt und streckt sich und kratzt sich hinter dem Ohr. Nun sucht sie das Frauchen. Ah, in der Küche ist sie! Kara wedelt zur Begrüßung freudig mit dem Schwanz und bellt laut. Das Frauchen streichelt Kara liebevoll über das Fell.	*Hund (H) liegt in Seitenlage – H gähnt, streckt sich und kratzt mit der Hand hinter einem Ohr – auf allen vieren zu Frauchen (F) laufen – H wackelt mit Po und bellt – F streichelt H*
Wie schön! Der Futternapf und die Wasserschüssel sind schon gefüllt. Mit ihrer langen Zunge schlabbert Kara das Wasser. Dann frisst sie gierig das Futter. Nun rennt Kara in den Garten und pinkelt an einen Baum. Jetzt fahren die beiden mit dem Auto in die Hundeschule.	*H beugt sich über echte oder erdachte Schüsseln, „schlürft" und „schlabbert" – kauen – H läuft auf allen vieren, hebt ein Bein – F setzt sich auf den Boden, H dahinter – F lenkt mit erdachtem Lenkrad*
Frauchen steigt aus dem Auto und nimmt Kara an die Leine. In der Hundeschule beschnuppern sich die Hunde gegenseitig, manche Hunde bellen sich auch an. Als Erstes lernen die Hunde, „bei Fuß" zu gehen. Die Hunde laufen neben ihren Besitzern im Kreis. Nun üben die Hunde „Sitz" und „Platz". Jetzt dürfen die Hunde über Hindernisse springen. Als Belohnung gibt es ein Leckerli.	*F nimmt Seil und legt es um die Achseln von H – Hunde beschnuppern sich, bellen – Hundebesitzer laufen mit ihren Hunden im Kreis, rufen zwischendurch „bei Fuß" – stehen bleiben, im Wechsel „Sitz" und „Platz" rufen: Po senken (= Sitz), auf den Boden kauern (= Platz) – Hunde kommen zum Stehen, springen über echte oder erdachte Gegenstände – „Leckerli" den Hunden reichen*
Nach der Hundeschule gehen Kara und Frauchen im Wald spazieren. Kara wälzt sich genüsslich auf dem Boden. Plötzlich springt sie in einen Weiher und paddelt fröhlich umher. Nach dem Baden schüttelt sich Kara das Wasser aus dem Fell. Frauchen rubbelt mit einem Handtuch das Fell trocken. Zufrieden fahren die beiden wieder nach Hause.	*H läuft ohne Seil auf allen vieren – auf dem Boden wälzen – kleiner Sprung, mit den Armen „paddeln" – Körper schütteln – F rubbelt H am Rücken – Autofahren wie oben*

Tipp: *Die Kinder gehen paarweise zusammen, ein Kind spielt den Hund (H), das andere das Frauchen (F). Für jeden Hund ein Seil als Leine vorbereiten.*

Kaninchen

Ausmalvorlage/Steckbrief

Systematik/Herkunft Kaninchen gehören zur Familie der Hasenartigen; das Hauskaninchen stammt vom europäischen Wildkaninchen ab und wird seit dem späten Mittelalter gezüchtet. Der Begriff „Stallhase“ ist nicht korrekt, da sich der sehr schreckhafte Feldhase für die Zucht als ungeeignet herausstellte. Mittlerweile gibt es mehr als 100 verschiedene Kaninchenrassen.

Aussehen/Merkmale ständig nachwachsende Zähne; bewegliche Nasenfalte; leicht hervorstehende Augen; voneinander unabhängige bewegliche Ohren; Tasthaare an Oberlippe, Kinn und Augenbrauen; 5 Krallen an Vorderpfoten, 4 Krallen an Hinterpfoten; geben überschüssige Wärme über die Ohren ab; sind sehr geräuschempfindlich; eigene und gegenseitige Fellpflege; Kommunikation mit Artgenossen erfolgt hauptsächlich über den Geruch (Duftstoffe aus den Hautdrüsen an Kinn und Po geben Auskunft über Geschlecht, Alter, Rang und Paarungsbereitschaft); Reviermarkierung durch Urinspritzen und Kotabgabe; sind sehr bewegungsfreudig, gräbt und versteckt sich gerne; laufen bis zu 39 Stundenkilometer schnell; kann über einen Meter hoch springen; werden leicht zutraulich; sind lernfähig; mögen frische Luft.

Kaninchen

Steckbrief

Sinne sehr gutes Hörvermögen und hoch entwickelter Geruchssinn, gute Rundumsicht durch seitlich liegende Augen, guter Geschmackssinn (können bitter, salzig, süß und sauer unterscheiden), Tasthaare zeigen an, ob das Kaninchen durch einen Durchschlupf passt.

Lautäußerungen **sanftes Zähneknirschen:** drückt Wohlbefinden aus;
starkes Zähneknirschen: Kaninchen hat Schmerzen;
Trommeln mit den Hinterläufen: Artgenossen vor Gefahr warnen;
leises Fauchen/Grunzen: Verärgerung;
Fauch- und Knurrlaute: Drohlaute, denen ein Angriff folgen kann;
Quietschen und Schreien: große Angst.

Körpersprache **Scharren und Buddeln:** angeborene Verhaltensweise, da Kaninchen in der Natur Baue graben;
Lecken (beispielsweise der Menschenhand)**:** drückt Zuneigung aus;
Anstupsen mit der Nase: Begrüßungsform untereinander; stupst Kaninchen den Menschen, ist das meist eine Aufforderung, gestreichelt zu werden;
Wegstupsen der Hand: Aufforderung, in Ruhe gelassen zu werden;
Männchen machen: Neugierde oder um einen Leckerbissen betteln;
Wälzen: Wohlbefinden;
Ducken: Tarnung vor Feinden oder sich einem anderen Kaninchen unterwerfen;
Entspannte Seitenlage und Hocke: Kaninchen fühlt sich sicher und geborgen.

Aktivitätszeit Sowohl Wildkaninchen als auch Hauskaninchen sind dämmerungsaktiv. Die beste Zeit für gemeinsame Aktivitäten sind die Morgen- und Abendstunden.

Lebenserwartung 8–12 Jahre

Haltung paarweise oder in der Gruppe

Unterbringung/ Ausstattung **Wohnungshaltung:** Zimmergehege oder Fress- und Schlafplatz in einer Bodenwanne mit uneingeschränktem Zimmerauslauf (Haltung im engen Käfig ist ungünstig, da Kaninchen viel Platz zum Bewegen brauchen);
Ausstattung Zimmergehege: Untergrund (beispielsweise Reis- oder Maisstrohmatten), Gitterabsperrung, Häuschen, Futternäpfe, Nippeltränke, Heuraufe, Toilette mit Einstreu, Gegenstände zum Klettern und Durchkrabbeln, evtl. Kiste mit Haushaltspapier zum Buddeln; im Freigehege Sand- oder Erdhaufen zum Graben;

Kaninchen

Steckbrief

Außenhaltung: mobiles Freigehege für Balkon und Garten für die Sommermonate oder Außengehege mit Überdachung und Schutzhütte für den ganzjährigen Aufenthalt.

Nahrung hochwertiges Heu, Gräser, Kräuter, Grünpflanzen, Gemüse, wenig Obst, Äste und Zweige zum Abrieb der Zähne, frisst eigenen Blinddarmkot. Dieser spezielle Kot ist sehr nahrhaft und wird im Blinddarm produziert.

Pflege **täglich:** füttern, Wasser bereitstellen, Toilette säubern und neu einstreuen, Futternäpfe mit heißem Wasser auswaschen, Frischfutterreste entfernen, Bürsten und Kämmen des Fells von Langhaarkaninchen;
zweimal wöchentlich: Nippeltränke gründlich säubern, Bodenwanne reinigen, Auslaufboden nach Bedarf absaugen, Ohren und Po auf Sauberkeit hin untersuchen, Gewicht überprüfen;
monatlich: Krallenlänge kontrollieren, bei Bedarf schneiden, Zähne kontrollieren (falls zu lang Tierarzt aufsuchen); regelmäßig impfen lassen.

Nachwuchs Um auf sich aufmerksam zu machen, tanzt das Männchen um das Weibchen herum und richtet sein Schwänzchen in die Höhe. Dann kuschelt es sich an die Auserwählte, beleckt sie zärtlich, und es kommt zur Paarung. Vor der Geburt trägt das Weibchen Heu und Stroh zusammen, baut ein Nest und polstert es mit ausgerissenen Bauchhaaren aus. Günstig ist es, eine Wurfkiste anzubieten, da es dem Bedürfnis der Kaninchen entspricht, die Jungen in einer „Höhle“ zu bekommen.
Die Häsin bringt 2–12 fast nackte, blinde und taube Jungen zur Welt. Nachdem sie die Kleinen trocken geleckt hat, saugen diese schon bald an den Zitzen. Nach 5 Tagen sprießen die ersten Haare, nach etwa 10 Tagen öffnen sich Augen und Ohren. Nach 3 Wochen erkunden die Jungen die Umgebung außerhalb der Wurfkiste, versuchen, sich selbst zu putzen, und naschen aus dem Futternapf. Nach 6 Wochen sind die Jungen selbstständig und trinken nur noch vereinzelt bei ihrer Mutter. Es kommt zu ersten Rangordnungskämpfen. Nach 10 bis 12 Wochen werden Kaninchen schon geschlechtsreif.

Kaninchen

Sachgeschichte

„Guten Tag, Frau Müller, kommen Sie doch bitte herein, ah wie schön, Sabrina ist auch dabei", höre ich plötzlich eine fremde Männerstimme.

Ängstlich drücke ich mich noch näher an meine Geschwister Moritz und Moppel. Wir werden auf einen Tisch gestellt und unsere Transportbox öffnet sich. Vorsichtig hopple ich als Erstes aus der Box heraus, Moritz und Moppel folgen mir zögerlich. „Das ist ja öde hier, keine schöne Wiese mit leckeren Kräutern, nur ein kalter Tisch unter uns", murmelt Moppel enttäuscht und will gerade wieder in die Box zurück.

„Hiergeblieben, mein Kleiner", ruft Sabrina und umfasst Moppel mit ihren Händen, „wir sind doch nur beim Tierarzt, wenn ihr stillhaltet, sind wir auch gleich wieder fertig." Auch mich halten auf einmal zwei Hände fest. „He, loslassen, was soll das?", grunze ich verärgert. „Aua, wer hat mich da gepickst?", fauche ich zu Moritz. „Mich hat auch gerade etwas gepickst", antwortet mein Bruder erstaunt.
„So, Frau Müller, die Impfung haben wir erledigt, jetzt sind ihre drei Kaninchen gegen alle schlimmen Krankheiten geschützt", ertönt die Stimme des Tierarztes, „nun schaue ich mir noch die Ohren an."

Mit einer Lampe leuchtet der Arzt in meine langen Ohren und stellt zufrieden fest: „Die Ohren sind schön sauber und nicht verkrustet, wunderbar."

Nun hebt mich Sabrina etwas hoch, und der Arzt fasst meine Krallen an. „Alle Krallen sind kurz genug, wir brauchen sie nicht zu schneiden", erklärt er weiter und schiebt vorsichtig mit seinen Fingern mein Maul auseinander.
„Die Schneidezähne sind auch gut abgerieben, sehr schön", lobt er mich und streichelt mir übers Fell. Auch bei meinen Geschwistern ist alles in bester Ordnung. „Jetzt habt ihr euch aber einen Leckerbissen verdient", freut sich Sabrinas Mutter und hängt drei Karottenstückchen in das Gitter der Transportbox. Sogleich hoppeln wir in die Box und nagen an den leckeren Karotten. „Auf Wiedersehen und alles Gute", verabschiedet sich der Tierarzt.

Sabrina stellt unsere Transportbox ins Auto, und wir fahren los. Nach einer Weile bleibt das Auto stehen. Sabrinas Mutter packt die Box, läuft einige Meter und stellt sie ab. Die Tür öffnet sich, und wir springen sofort hinaus. Ein Glück, endlich sind wir wieder in unserem schönen Gartengehege! Erleichtert hoppeln wir über die duftende Wiese und klettern über einen Baumstamm. Sabrina füllt uns die Heuraufe mit frischem Heu auf. Sogleich zupfen wir uns einen Heuhalm aus der Raufe und kauen ausführlich darauf herum.

„Prima", ruft Sabrina fröhlich, „fresst nur immer viel Heu. Das ist wichtig für eure Verdauung, und eure Backenzähne werden schön abgerieben."

Kaninchen

Sachgeschichte

Nachdem wir brav unser Heu gefressen und noch ein Stück Paprika und Salat aus Sabrinas Hand stibitzt haben, öffnet Sabrina einen großen Sack und schüttet eine große Ladung Erde in eine Ecke unseres Geheges. Sogleich springe ich zu ihr und schnüffle an der Erde. Moppel und Moritz kommen neugierig hinzu und fangen sofort zu buddeln an.

„Das ist ja das reine Buddelparadies“, schreit Moritz begeistert und schleudert mir die feuchte Erde ins Gesicht. Ich schüttle mich kurz und fange mit Feuereifer das Graben an. Wir Kaninchen lieben es einfach, in der Erde zu buddeln. Unsere Verwandten in der freien Natur bauen nämlich tiefe und weitverzweigte Gänge mit mehreren Wohnkesseln. Dort schlafen sie und bringen ihre Jungen zur Welt. Auch wir Hauskaninchen graben gerne, auch wenn wir keine unterirdischen Baue zum Leben benötigen.

Auf einmal steht Sabrinas bester Schulfreund Nick vor unserem Gehege und ruft erstaunt: „Ihr habt ja gleich drei Kaninchen, ich habe nur eines daheim.“ „Das ist aber nicht schön für dein Kaninchen“, belehrt ihn Sabrina, „Kaninchen brauchen mindestens einen Partner, denn in der Natur leben sie auch zu mehreren.“ „Mein Kaninchen hat doch mich als Freund“, entgegnet Nick ein wenig beleidigt, „und ich kümmere mich wirklich viel um mein Tier.“ „Das glaube ich dir ja“, lenkt Sabrina ein, „trotzdem ist es besser, wenn es einen Artgenossen zum Spielen und Plaudern hat.“

Da hat sie allerdings Recht. Ich liebe es, mit den anderen zu springen, zu klettern, Haken zu schlagen oder mit ihnen zu kuscheln. Ohne meine Geschwister wäre mein Leben sehr langweilig.

Nachdem wir alle ausführlich gegraben haben, beginne ich mit der Fellpflege. Ich lecke meine Vorderpfoten und fahre mir dann mehrmals über mein Gesicht. Dann hopple ich zu Moritz und lecke ihn am Nacken.

„Das sieht ja wirklich putzig aus“, ruft Nick begeistert, „ich glaube, ich kaufe mir doch noch ein Kaninchen.“

Nachdem mich Moppel am Rücken geschleckt hat, hopple ich zu Sabrina und stupse sie mit meiner Nase. Sie versteht die Aufforderung und krault mich sanft hinter den Löffeln. Nach der Streichelmassage lege ich mich auf eine Seite und wälze mich genüsslich auf dem Rücken hin und her.

„Schau mal, Nick, unser Maxi fühlt sich pudelwohl“, tönt Sabrina und legt sich zu mir auf den Boden. Übermütig wälzt sie sich von einer zur anderen Seite. „Das ist ja zum Totlachen“, prustet Nick und schmeißt sich ebenfalls auf den Boden. Alle drei wälzen wir uns fröhlich hin und her. Moppel und Moritz schauen erstaunt zu uns herüber. Doch schon flitzen sie zu uns und springen über unsere Köpfe. Was für ein riesengroßer Spaß!

Kaninchen

Bilderquiz

1. Wohin bringt man Kaninchen zum Impfen?

a) ☐ zum Tierarzt

b) ☐ in die Zoohandlung

2. Weshalb buddeln Kaninchen gerne in der Erde?

a) ☐ um eine Maus zu erwischen

b) ☐ um in freier Natur unterirdische Baue zu graben

Kaninchen

Bilderquiz

3. Brauchen Kaninchen täglichen Freilauf?

a) ☐ Ja, Kaninchen rennen, klettern und springen gerne.

b) ☐ Nein, Kanninchen können ausschließlich in einem Käfig gehalten werden.

4. Was tun Kaninchen, wenn sie sich wohlfühlen?

a) ☐ Sie wälzen sich auf dem Boden.

b) ☐ Sie ducken sich.

Kaninchen

Textquiz

1. Was untersucht der Tierarzt?

a) ☐ die Länge der Ohren
b) ☐ die Länge der Krallen
c) ☐ die Länge der Zähne

2. Wie sollten Kaninchen im Auto transportiert werden?

a) ☐ in einer kuscheligen Decke
b) ☐ auf dem Arm
c) ☐ in einer geschlossenen Transportbox

3. Welche Nahrung ist für die Verdauung und den Abrieb der Backenzähne wichtig?

a) ☐ Heu
b) ☐ Obst
c) ☐ Paprika und Salat

4. Wo bringen Kaninchen in freier Natur ihre Jungen zur Welt?

a) ☐ in einem Erdhaufen
b) ☐ unter der Erde in einem Wohnkessel
c) ☐ in einer Ackerfurche

5. Wie sollten Kaninchen gehalten werden?

a) ☐ am besten allein, da Kaninchen sich oft streiten
b) ☐ mindestens zu zweit, da sie auch in der Natur zu mehreren leben
c) ☐ immer gleich viele Weibchen und Männchen

6. Was machen Kaninchen gerne?

a) ☐ Sie springen, klettern und kuscheln miteinander.
b) ☐ Sie lecken sich gegenseitig das Fell.
c) ☐ Sie machen Männchen und halten sich an den Ohren fest.

7. Wie wird das Fell der Kaninchen gepflegt?

a) ☐ mit speziellem Pflegeshampoo das Fell waschen
b) ☐ Kaninchen pflegen ihr Fell selbst und gegenseitig.
c) ☐ Das Fell sollte regelmäßig nachgeschnitten werden.

© Verlag an der Ruhr | Autorin: Heike Jung | Abb.: © Astrid Wilkesmann | ISBN 978-3-8346-0703-4 | www.verlagruhr.de

Kaninchen

Bewegungsgeschichte

Text	Bewegungsvorschläge
Moritz, Moppel und Maxi hoppeln früh am Morgen in ihrem Gehege umher. Sie beschnuppern sich zur Begrüßung, dann lecken sie sich zärtlich das Fell. Ausführlich kauen sie Gräser und Blätter. Plötzlich hören sie einen Hund bellen. Gespannt heben sie ihren Kopf, stellen die Ohren auf und verharren regungslos.	*Kaninchen (K) hoppeln umher – beschnuppern sich gegenseitig, Leckbewegungen mit der Zunge – schnelle Mundbewegungen – Hund (H) bellt einige Meter entfernt, Besitzer (B) steht neben H – K richten Oberkörper auf, stellen die Arme als Ohren an den Kopf und halten kurz still*
Tatsächlich! Ein Schäferhund kommt mit seinem Besitzer vorbeispaziert. Plötzlich bleibt er stehen und springt den Gartenzaun an und bellt. Die Kaninchen versuchen, sich zu tarnen, und ducken sich auf den Boden. Der Hund bellt immer weiter. Schnell rennen die Kaninchen in ihr Häuschen.	*H und B nähern sich den Kaninchen – H streckt seine Arme schnell von sich (Gartenzaun anspringen) und bellt mehrmals, B bleibt daneben stehen – K ducken sich flach auf den Boden – H wie eben – K hoppeln schnell weg und bleiben still sitzen*
Der Hund hat das Interesse verloren und läuft mit seinem Besitzer weiter. Vorsichtig kriechen die Kaninchen aus ihrem Versteck. Sie haben große Lust, zu spielen. Maxi rennt Zickzack durchs Gehege. Moppel übt sich im Hakenschlagen. Moritz springt hoch in die Luft und dreht sich dabei.	*H und B entfernen sich – K hoppeln aus ihrem „Versteck" – aufstehen – Zickzack rennen – Haken schlagen (Stück geradeaus rennen, plötzlich die Richtung ändern usw.) – in die Luft springen und sich dabei drehen*
Es ist Mittag und ganz schön heiß geworden. Die Kaninchen buddeln im Schatten ein großes Loch in die Erde. Um sich abzukühlen, legen sie sich hinein und ruhen sich etwas aus. Gerade kommt Sabrina und ihr Freund Nick ins Gehege. Sie streicheln den Tieren das Fell. Zufrieden knirschen die Kaninchen mit ihren Zähnen.	Grabbewegungen mit den Händen – Unterarme vor den Körper ablegen, eine Weile still sein – H und B spielen Sabrina und Nick, nähern sich und setzen sich zu den Kaninchen – übers Fell streicheln – K reiben leicht die Zähne aufeinander, um ihr Wohlbefinden auszudrücken

***Tipp:** Legen Sie vor Beginn fest, wer die Kaninchen (K), den Hund (H) und den Besitzer (B) spielt. Evtl. den Ort des Häuschens als Versteck vorher festlegen.*

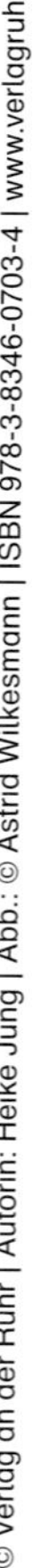

Katze

Ausmalvorlage/Steckbrief

Systematik/Herkunft Die Hauskatze ist ein Raubtier und stammt von der nordafrikanischen Wild- oder Falbkatze ab. Schon vor etwa 5000 Jahren gibt es eine ägyptische Darstellung, die eine Katze mit Halsband zeigt. Von Ägypten aus verbreitete sich die nützliche Mäusejägerin in die Länder am Mittelmeer und durch die Römer auch zu uns. Es gibt Katzen mit kurzem, aber auch langem Fell.

Aussehen/Merkmale kräftige Muskulatur; bewegliche Ohren; Tasthaare an Oberlippe und über Augen; bei hellem Licht sind die Pupillen schmal, bei Dunkelheit rund; nachwachsende, scharf gebogene, ausfahrbare Krallen zum Ergreifen von Beutetieren, zum Klettern oder zur Verteidigung; typisches Raubtiergebiss mit dolchartigen Eckzähnen; können schnell laufen, sehr gut springen, Sprünge aus großer Höhe gut abfedern; landen nach einem Fall immer auf allen vier Pfoten; große Geschicklichkeit beim Klettern und Balancieren, Schwanz dient als „Balancierstange“ und beim Springen als „Steuerruder“; findet immer wieder nach Hause zurück; reiben ihre Körper an Gegenständen, um sie mit ihrem persönlichen Duft zu kennzeichnen; insbesondere Kater sprühen zur Reviermarkierung Urin; schlafen bis zu 16 Stunden (verteilt auf mehrere Schläfchen über den Tag/die Nacht); pflegen ihr Fell ausgiebig.

Katze

Steckbrief

Sinne sehen bei Dunkelheit sehr gut; können Bewegungen gut wahrnehmen, jedoch stillstehende Dinge nicht scharf erkennen; hervorragendes Gehör; Geruchssinn weniger gut als bei Hunden, aber besser als beim Menschen; Tasthaare zeigen der Katze beispielsweise, ob ein Loch zu eng ist oder ob sich eine Maus, die sie im Maul trägt, noch bewegt.

Lautäußerungen **Miauen:** Hauskatzen miauen oft dann, wenn sie vom Menschen etwas möchten (beispielsweise gefüttert werden, Haustüre öffnen), manchmal auch zur Begrüßung. Je nach Situation, kann das Miauen jämmerlich klingen oder auch fordernd;
Schnurren: In aller Regel schnurren Katzen, um Wohlbefinden auszudrücken, manchmal aber auch, wenn sie krank sind oder um Artgenossen ihre Unterlegenheit zu zeigen;
Katzen **fauchen oder knurren**, wenn ihnen etwas nicht passt.

Körpersprache **Ohren:** Sind die Ohrenöffnungen leicht nach außen gedreht, ist die Katze entspannt; sind sie leicht aufgestellt und nach außen gerichtet, dann ist sie wachsam.
Augen: Sind die Augen halb geschlossen, ist die Katze entspannt; schließt sie die Augen ganz und dreht sich weg, zeigt sie nach einem Kampf ihre Unterlegenheit;
Schwanz: Zeigt der Schwanz senkrecht nach oben, drückt die Katze Freude aus; zeigt er in einer leichten Kurve nach unten, ist die Katze entspannt; ein nach unten zwischen die Hinterbeine gesenkter Schwanz drückt Unterwerfung aus;
Buckel: Eine Katze, die sich bedroht fühlt, rundet ihren Rücken, streckt ihre Beine durch und sträubt das Fell. Dadurch wirkt sie größer und gefährlicher, auch um sich zu Dehnen und zu Strecken, macht die Katze manchmal einen Katzenbuckel;
Bauch: Zeigt die Katze ihren Bauch, fühlt sie sich sehr wohl und vertraut.

Aktivitätszeit besonders aktiv in den frühen Morgenstunden und am Abend; wann und wie viel Katzen schlafen, hängt vom Wetter ab. Bei warmem und sonnigem Wetter gehen sie gerne raus, bei Regen bleiben sie lieber zu Hause.

Lebenserwartung etwa 12–15 Jahre

Haltung allein, zu zweit oder in der Gruppe. Bei Katzen ohne Freilauf ist es sinnvoll, eine zweite Katze anzuschaffen, vor allem, wenn der Besitzer nicht viel zu Hause ist.

Katze

Steckbrief

Unterbringung/ Ausstattung Katzenklappe zum selbstständigen Rein- und Rauslaufen; Kratzbrett oder Kratzbaum zum Krallenwetzen (so bleiben Sofa, Teppich usw. geschont!), Futter- und Wassernapf, Katzentoilette (bei Katzen mit Auslauf nicht unbedingt nötig), Kamm und Bürste zur Fellpflege, Zeckenzange, Transportbox (beispielsweise für den Tierarzt); vor allem bei Katzen ohne Auslauf müssen Beschäftigungsmöglichkeiten, wie zum Beispiel Klettergerüst, Balancierseil und Katzenspielzeug, vorhanden sein.

Nahrung Fleisch, Getreide, Gemüse, Vitamine, Mineralstoffe; Fertigfutter aus dem Handel (Trockenfutter/Feuchtfutter) enthält die optimale Zusammensetzung; zwischendurch kann etwas Frisches gefüttert werden (beispielsweise angebratenes Fleisch, Reis, Jogurt, Käse). Keine Milch geben, da dies Durchfall verursachen kann.

Pflege füttern, Wasser bereitstellen, Napf mit heißem Wasser ausspülen, Katzentoilette reinigen, Fell bürsten, bei Zeckenbefall Zecken entfernen; regelmäßiges Impfen und Entwurmen.

Nachwuchs 1–2 Wochen vor der Geburt schaut sich die Katze nach einem geeigneten Geburtsort um. Sie sieht beispielsweise in Schränke und legt sich zum Probeliegen hinein. An einem warmen und störungsfreien Ort bringt sie etwa 2–6 blinde und taube Jungen mit Fell zur Welt. Nachdem die Kleinen von der Mutter trocken geleckt wurden, saugen sie an den Zitzen. Dabei treten sie mit ihren Pfoten den Bauch, um den Milchfluss anzuregen. Da die Jungen gewärmt werden müssen und mehrmals täglich trinken möchten, verlässt die Mutter nur kurz ihre Jungen. Immer wieder leckt sie ihre Kinder mit der Zunge. Nach 3 Wochen öffnen sich die Augen, und die Katzenkinder klettern das erste Mal aus dem Nest. Ab der 4. Woche nehmen sie feste Nahrung zu sich, trinken aber bis etwa zur 12. Woche immer mal wieder bei ihrer Mutter. Die Jungen sind äußerst neugierig und verspielt. Unermüdlich rennen, klettern und balancieren sie oder kämpfen spielerisch miteinander. Nach etwa 3 Monaten können die Kätzchen von der Mutter getrennt werden.

Katze

Sachgeschichte

Dicht aneinandergekuschelt, liege ich mit meinen vier Geschwistern auf einer Matratze.
Plötzlich geht die Tür auf, und die Stimme meiner Besitzerin Lena erklingt: „Hallo, ihr Süßen, leckeres Fressen gibt es, kommt alle her." Sofort springen wir auf und stürmen zu den beiden Futternäpfen. Ungeduldig umkreisen wir Lena. Na endlich! Das Futter ist in der Schüssel gelandet, hungrig dränge ich mich mit den anderen zum Futter. Erst verschlinge ich die köstliche Soße, dann fresse ich die Fleischstückchen. Lena ist wirklich ein liebes Mädchen. Mindestens dreimal am Tag bringt sie uns Futter und spielt mit uns. Jetzt macht sie sogar unser Katzenklo sauber. Sie schaufelt unsere dunklen Häufchen in einen Beutel. Unsere Mutter macht ihr Geschäft im Freien. Sie gräbt ein kleines Loch, macht rein und scharrt die Erde wieder darüber.

Als ich vor neun Wochen im ausgepolsterten Schlafzimmerschrank geboren wurde, hat uns Mama immer sauber geleckt. Wir tranken Milch aus ihren Zitzen und schliefen viel. Ich hatte zwar ein Fell, aber meine Augen und Ohren waren noch geschlossen. Nach drei Wochen krabbelten ich und meine Geschwister das erste Mal aus dem Schrank heraus. Neugierig, wie wir Katzenkinder nun mal sind, erkundeten wir die Umgebung. Ich krabbelte unter das Bett und versteckte mich hinter dem Vorhang. Als mein Bruder in meine Nähe kam, stürmte ich auf ihn, und wir purzelten übereinander. Dann verfolgten wir uns gegenseitig. Ich glaube, unsere nächtlichen Fangspiele haben die Eltern von Lena beim Schlafen gestört. Deshalb sind wir in dieses große Zimmer umgezogen. Hier können wir toll klettern, rennen, balancieren und springen. Ah, unsere Mutter ist gerade aufgewacht, sie hat oben auf dem Schrank geschlafen. Nachdem Mama ihren Katzenbuckel gemacht und ihre Hinterpfoten abwechselnd nach hinten gestreckt hat, springt sie zu uns auf den Boden.

„Hallo Minka", ruft Lena, fröhlich, streichelt meine Mama über den Rücken und stellt ihr ein Schälchen mit Futter hin. Bevor Mama das Fressen beginnt, schnuppert sie einen Moment am Futter. „Es riecht sehr gut", maunzt sie und fängt genüsslich zu fressen an.

Satt und ausgeschlafen, klettere ich auf die schräggestellte Matratze und springe hinunter. Lena setzt sich zu mir. Sie hält ein Seil in der Hand und schwingt es umher. So schnell es geht, versuche ich, das Seilende zu fangen. Erwischt! Das Seil hängt an meinen Krallen.
„Gut gemacht!", lobt mich Lena und wirbelt wieder die Schnur umher. Nachdem ich mehrmals das Seil gefangen habe, versuche ich, auf Lenas Rücken zu steigen. Ich fahre meine Krallen aus und klettere auf die Schulter. Hurra, geschafft! Nun laufe ich auf Lenas ausgestrecktem Arm entlang. Dann springe ich mit einem Satz auf den Boden.

„Spielst du auch mit?", rufe ich fröhlich meiner Mutter zu, doch sie ist gerade mit der Fellpflege beschäftigt. Mit ihrer langen Zunge schleckt sie über ihren Körper. Auch ich wasche und bürste mich mit meiner Zunge. Nun läuft sie zum Kratzbaum, stellt ihre Vorderpfoten daran und wetzt ihre Krallen. Unsere Krallen wachsen nämlich ständig nach, deshalb müssen sie

abgewetzt werden. Danach läuft meine Mutter zur Fenstertür und miaut. Lena kommt herbei und öffnet die Tür.

Blitzschnell laufe ich zur Tür und versuche, durchzuschlüpfen, doch Lena schnappt mich und ruft: „Dageblieben mein Kleiner, du darfst noch nicht ins Freie, erst in ein paar Wochen.“ Nachdem sie mich wieder auf den Boden gesetzt hat, klettere ich den Kratzbaum hoch und balanciere über ein Seil. „Oh, seht mal, draußen vor der Tür steht eure Mutter mit einem Geschenk im Maul“, tönt Lena und öffnet Minka die Tür. Neugierig rennen wir Kinder zu ihr. „Ich habe eine Maus für euch zum Kennenlernen mitgebracht“, maunzt Mama und lässt das tote Tier fallen.

Neugierig stürzen wir uns darauf. Schnell nehme ich die Maus ins Maul und flitze hinter den Schrank. Sogleich folgen mir die anderen. Mein Bruder versucht, sie mir mit seiner Pfote wegzunehmen. Ärgerlich knurre ich ihn an: „Hau ab, ich spiele zuerst mit der Maus.“ Ein Glück, er lässt sich einschüchtern und weicht etwas zurück. Wir Katzen sind nicht nur lieb und süß. Wenn uns etwas nicht passt, dann fauchen, knurren oder kratzen wir mit unseren Krallen.

Vor Kurzem kam der Opa von Lena ins Zimmer. Er stolperte über die Matratze und fiel auf meine Schwester. Diese quietschte laut auf. Sofort kam unsere Mutter und hat Opa ins Bein gebissen. Sie dachte, Opa will ihrem Kind etwas Böses tun, und verteidigte es deshalb. Ein Glück, dass Opa eine Hose anhatte. Der Biss hat ihm, deshalb kaum wehgetan!

So ein Mist! Jetzt hat doch mein Bruder die Maus erwischt. Immer wieder schubst er sie mit seinen Pfoten hin und her, dann kaut er etwas darauf herum. Ich renne zu meiner Mutter, lege mich zu ihr und trinke etwas Milch. Nach einer Weile steht sie auf und reibt ihre Wange am Schrank. „Weshalb tust du das?“, frage ich sie verwundert. Mama erklärt mir: „Wenn wir Katzen unseren Körper an Gegenständen wie Stühle oder Sträucher reiben, tritt ein Duft aus unseren Duftdrüsen aus. Kommt eine andere Katze vorbei, erkennt sie am Duft, dass schon eine andere Katze hier war.“
„Tschüss ihr Lieben, ich komme bald wieder“, verabschiedet sich Lena und krault mich sanft hinter den Ohren. Ich fange an zu schnurren. Ich fühle mich rundum wohl.

Katze

Bilderquiz

1. Was können Katzen besonders gut?

a) ☐ schwimmen

b) ☐ klettern, springen und balancieren

2. Wo wetzt eine Katze im Zimmer ihre Krallen?

a) ☐ an einem Kratzbaum

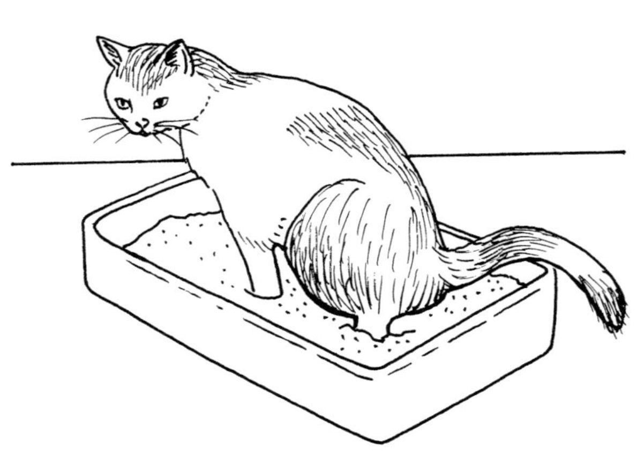

b) ☐ in einem Katzenklo

Katze

Bilderquiz

3. Was zeigt die Katzenmutter ihren Jungen?

a) ☐ das Auto der Familie

b) ☐ eine tote Maus

4. Was machen Katzen, wenn sie wütend sind?

a) ☐ Sie fauchen, knurren oder kratzen mit ihren Krallen.

b) ☐ Sie schnurren und drücken sich gegen Menschenbeine.

Katze

Textquiz

1. Wie verrichtet eine Katze ihr „Geschäft“ im Freien?

a) ☐ Sie gräbt ein Loch, macht rein und scharrt die Erde wieder drüber.

b) ☐ Sie lässt ihren Kot, so wie ein Hund, offen herumliegen.

c) ☐ Sie hebt ein Bein und pinkelt an einen Zaun.

---

2. Was tun Katzen oft, wenn sie aufwachen?

a) ☐ Sie machen einen Katzenbuckel.

b) ☐ Sie fauchen und schnurren.

c) ☐ Sie strecken ihre Hinterbeine abwechselnd nach hinten.

---

3. Was macht eine Katze, bevor sie das Fressen beginnt?

a) ☐ Sie schnuppert am Futter.

b) ☐ Sie schiebt den Napf mit ihrer Pfote zurecht.

c) ☐ Sie steckt ihre Pfote ins Fressen und schleckt diese dann ab.

---

4. Weshalb leckt eine Katze ihr Fell mit der Zunge?

a) ☐ Sie schützt ihr Fell mit Feuchtigkeit.

b) ☐ Sie wäscht und bürstet ihr Fell mit der Zunge.

c) ☐ Sie entfernt mit ihrer Zunge Zecken und Flöhe.

---

5. Wie kann eine Katze zeigen, dass ihr etwas nicht passt?

a) ☐ Sie stellt ihren Schwanz senkrecht nach oben.

b) ☐ Sie faucht, knurrt oder beißt.

c) ☐ Sie kratzt mit ihren Krallen.

---

6. Weshalb reibt eine Katze ihren Körper (beispielsweise die Wange) an Gegenstände?

a) ☐ um ihren Duft zu hinterlassen

b) ☐ um anderen zu zeigen, dass sie schon hier war

c) ☐ weil die Wange der Katze sehr stark juckt

---

7. Weshalb schnurren Katzen?

a) ☐ weil sie großen Hunger haben

b) ☐ um die Mutter herbeizurufen

c) ☐ um ihr Wohlbefinden auszudrücken

Katze

Bewegungsgeschichte

Text	Bewegungsvorschläge
Kitty, die kleine Katze schläft friedlich auf dem Sofa. Früh am Morgen wacht sie auf. Sie gähnt und macht einen Katzenbuckel. Dann hebt sie ihre Beine nach hinten und streckt ihre Vorderpfoten weit von sich. Fröhlich läuft sie in Sabrinas Kinderzimmer.	*K seitlich eingerollt, S liegt etwas entfernt auf dem Boden – K gähnt, kommt auf alle viere und rundet den Rücken – K streckt linkes und rechtes Bein nach hinten, Arme nach vorn strecken – zu S krabbeln*
Kitty springt auf Sabrinas Bett und tapst über die Bettdecke. Sie miaut und stupst an Sabrinas Nase. Das Mädchen streichelt Kitty liebevoll über das Fell. Das Kätzchen schnurrt behaglich. Sabrina steht auf und geht mit Kitty in die Küche.	*K springt, drückt mit den Händen auf S – K miaut und berührt mit der Nase die Nase von S – S streichelt K – K gibt Brummlaut von sich – S steht auf, läuft einige Schritte, K folgt ihr*
Kitty streicht um Sabrinas Beine und miaut jämmerlich. Sabrina schüttet Futter in ein Schälchen. Hungrig frisst die Katze daraus. Nach dem Fressen leckt Kitty ihr Fell und kratzt sich hinter dem Ohr. Ihre spitzen Krallen wetzt sie am Kratzbaum.	*K miaut und krabbelt um die Beine von S – S beugt sich – K kaut – Leckbewegungen, eine Hand bewegt sich ruckartig hinter einem Ohr – S spielt Kratzbaum: K bewegt Finger an den Beinen von S von oben nach unten*
Jetzt rennt Kitty durch die Katzenklappe in den Garten. Sie schnuppert an einer Blume und knabbert an einem Grashalm. Nun reibt sie ihren Kopf am Zaun und markiert so ihr Revier. Wie schön! Dort drüben läuft Blanco, der weiße Kater vom Nachbarn. Die beiden beschnuppern sich und spielen miteinander.	*S spielt Katzenklappe und grätscht die Beine, K krabbelt durch – schnuppern, kauen – K reibt Kopf an S (= Zaun) – S spielt Blanco, geht in den Vierfüßlerstand – K und S berühren ihre Nasen, spielen miteinander (beispielsweise den anderen anspringen, sich fangen, anschleichen)*
Kitty wird müde und geht durch die Katzenklappe ins Haus. Zufrieden legt sie sich in ihr Körbchen. Schnurrend dreht sie sich auf den Rücken und zieht die Pfoten an. Sabrina streichelt Kitty sanft unter dem Kinn und am Bauch. Mmh, tut das gut!	*S grätscht die Beine, K krabbelt durch die Beine – K legt sich auf den Rücken, Hände und Beine angezogen, gibt Brummlaut von sich – S streichelt K*

***Tipp:** Paarweise zusammengehen: Ein Kind spielt die Katze (K), das andere Kind Sabrina (S).*

Landschildkröte

Ausmalvorlage/Steckbrief

Systematik/Herkunft Schildkröten gibt es schon etwa 250 Millionen Jahre. Sie leben in sehr unterschiedlichen Lebensräumen, wie beispielsweise in den Tropen, in der Wüste, in Sümpfen und in verschiedenen Gewässern. Weltweit gibt es über 200 Arten. Für die Heimtierhaltung eignen sich die Griechische, Maurische und Russische Landschildkröte, die Breitrandschildkröte, die Karolina-Dosenschildkröte und die Spaltenschildkröte.

Aussehen/Merkmale einziehbarer Kopf und Beine, welche mit kleinen und größeren Schuppen bedeckt sind; 5 Krallen an den Vorderbeinen; 4 Krallen an den Hinterbeinen zum Graben und Klettern; 2 kleine Nasenlöcher; langer Schwanz; mit Haut bedecktes Trommelfell seitlich des Kopfes; scharfkantige Hornschneiden am Maul zum Abreißen und Zerkleinern des Futters; rundlich gewölbter, gelbbraun gemusterter Panzer, der aus Knochenplatten besteht; die Knochenplatten sind von dünnen Hornschilden bedeckt; zwischen den Hornschilden befinden sich die Wachstumszonen („Nähte"); halten ab November entweder in einer Überwinterungskiste oder im Kühlschrank Winterruhe.

Sinne erkennen kleine Objekte in etwa 10 Meter Entfernung; können Farben unterscheiden; sehr guter Geruchssinn; schwaches Hörvermögen; Bodenschwingungen werden über den Panzer wahrgenommen; viele Sinneszellen am Kopf, um die Temperatur festzustellen, und Sinneszellen an Fußsohlen um die Bodentemperatur zu fühlen.

Landschildkröte

Steckbrief

Lautäußerungen	Während der Paarung stößt das Männchen piepsende und keuchende Laute aus. Wenn Schildkröten erschrecken, stoßen sie durch schnelles Zurückziehen des Kopfes Luft aus, was wie ein zischendes Fauchen klingt. Ansonsten geben Schildkröten in der Regel keine Laute von sich.
Körpersprache	**alle vier Beine ausgestreckt:** Schildkröte sonnt sich und genießt die Wärme; **Kopf weit herausgestreckt:** Schildkröte ist neugierig, sie fühlt sich wohl; **eingezogener Kopf und Beine:** Schutzhaltung vor Feinden oder Schlafhaltung, auch während der Winterruhe.
Aktivitätszeit	tagaktiv
Lebenserwartung	Schildkröten können über 100 Jahr alt werden.
Haltung	allein, paarweise oder in der Gruppe
Ausstattung/ Unterbringung	Landschildkröten werden im Frühjahr und im Herbst in einem Terrarium, in den Sommermonaten in einer Freianlage (Garten oder Balkon) gehalten. Eine ausschließliche Terrarienhaltung ist nicht empfehlenswert, da eine natürliche Umgebung, Sonne und frische Luft durch keine Technik ersetzt werden kann. **Terrarium (oben offen):** Bodengrund (beispielsweise Walderde und Rindenmulch), Pflanzen, Wurzeln und Steine zum Verstecken, Wasserbecken zum Trinken und Baden, Buddelecke zum Eingraben, großer flacher Sandstein als Futterplatz und als Einstiegsstelle für das Wasserbecken; UV-, Licht- und Wärmestrahler, Bodenheizung. In einem Terrarium muss es unterschiedliche Temperaturzonen geben (zwischen 18 und 38 Grad), die sich die Schildkröte nach ihrem Bedürfnis auswählen kann. **Freianlage (Garten):** ausbruchsichere Umzäunung, Frühbeet oder Kleingewächshaus mit Wärmelampe für kalte Sommertage, Pflanzen und Büsche als Schattenspender, Wasserbecken, evtl. Schlafhäuschen. An Stelle eines Terrariums ist es auch möglich, die Schildkröte in einem **begehbaren Gewächshaus mit integrierter Überwinterungskiste** zu halten. Durch die gleichbleibenden warmen Temperaturen fühlt sie sich wie in Griechenland und hält, so wie in ihrem Heimatland, eine kürzere Winterruhe (2–3 Monate statt 4–5 Monate).

Landschildkröte

Steckbrief

Nahrung Heu, Salat, einheimische Wildkräuter (beispielsweise Brombeerblätter, Löwenzahn, Gänseblümchen), Äpfel, Bananen, Möhren, Kalk (Sepiaschale oder zerstoßene Eierschalen) zur Verfügung stellen.

Pflege **täglich:** füttern, Wasser bereitstellen, Wasserschale mit heißem Wasser reinigen, Kot und Speisereste entfernen; **regelmäßig** nasse Erde um das Wasserbecken mit einem Esslöffel ausheben und erneuern, Pflanzen gießen; beim Gartengehege Umzäunung auf Ausbruchsicherheit überprüfen; beim Terrarium Temperatur, Luft- und Bodenfeuchtigkeit überprüfen; **Vorbereitungen für die Winterruhe treffen** (beispielsweise Schildkröten zur Darmentleerung baden, Überwinterungskiste herrichten); während der Winterruhe regelmäßig das Gewicht kontrollieren.

Nachwuchs Griechische Landschildkröten paaren sich im Frühjahr nach der Winterruhe in der Freianlage. Das Männchen verfolgt das Weibchen unablässig und versucht durch Beinbisse, das Weibchen am Fortlaufen zu hindern. 6–8 Wochen nach der Paarung sucht das Weibchen einen geeigneten Eiablageplatz. Es gräbt mit den Hinterbeinen eine Grube aus, legt die etwa 3–6 Eier darin ab und schaufelt die Grube wieder mit Erde zu. Während das Gelege in der Natur in der Grube bleibt, werden die Eier vom Menschen ausgegraben und in einen Brutapparat gesetzt. Nach 2–3 Monaten schlüpfen die Jungen mit einem erbsengroßen Dottersack am Bauchnabel aus den Eiern. Das Schlüpfen dauert 1–3 Tage. Die Jungen fressen erst nach einer Woche, da sich die Verdauung des Dotters auf die Verdauung fester Nahrung erst umstellen muss.

Landschildkröte

Sachgeschichte

Guten Morgen, liebe Kinder! Könnt ihr euch auch jeden Morgen so schön sonnen wie ich? Wahrscheinlich nicht, denn ihr müsst sicher in die Schule oder in den Kindergarten und habt zum Sonnen keine Zeit. Ihr Menschen braucht das tägliche Sonnen auch nicht, denn ihr habt immer die gleiche Temperatur in eurem Körper. Wir Schildkröten dagegen brauchen die Wärme der Sonne oder eine Wärmelampe, um unseren Körper aufzuwärmen. Ohne Wärme könnten wir uns gar nicht richtig bewegen. So, ich glaube, jetzt bin ich warm genug und kann in meinem Gartengehege ein paar Runden laufen.

Gut gelaunt stapfe ich los und wandere an Büschen, Steinen und Wurzeln vorbei. Direkt im Wasserbecken vor mir sitzt Toni, mein Schildkrötenfreund. „Guten Morgen, Toni, bist du auch schon auf den Beinen?“, rufe ich ihm fröhlich zu und schaue ihm interessiert beim Baden zu. Er hat seinen Kopf halb unter Wasser getaucht und trinkt das Wasser aus dem Wasserbecken, welches wir auch hin und wieder zum Baden benutzen. Baden und gleichzeitig trinken ist wirklich praktisch! Jetzt taucht er wieder auf, krabbelt aus dem Wasserbecken und stupst mich mit seiner Nase an. Gemütlich marschieren wir zusammen zu unserem Fressplatz.

„Guten Morgen, Toni und Lisl!“, begrüßt uns Natalie, unsere Besitzerin, und legt uns Heu, Löwenzahnblätter, Äpfel- und Bananenstückchen und Salat auf eine Steinplatte.
Ein köstlicher Geruch steigt uns in die Nase. Hungrig machen wir uns über das Essen her. Mit meinen scharfkantigen Hornschneiden am Maul reiße ich ein Stück vom Löwenzahnblatt ab. Wir Schildkröten haben zwar eine Zunge, aber keine Zähne. Ihr Menschen beißt mit euren Zähnen euer Essen ab, wir Schildkröten mit unseren Hornschneiden. Nachdem ich genug Grünzeug und Obst gefressen habe, verschlinge ich noch ein paar kalkhaltige Eierschalen. Nun streichelt mich Natalie unter dem Hals. Genüsslich strecke ich meinen langen Hals nach vorn und genieße die Streicheleinheiten. Nach einer Weile schiebt Natalie eine Hand unter meinen Bauchpanzer, hebt mich aus dem Gehege und setzt mich wieder auf den Boden außerhalb des Geheges.

„So ihr Lieben, heute dürft ihr Mal zur Abwechslung hier ein wenig umherlaufen“, erklärt sie uns. Das ist eine tolle Idee. Neugierig wandere ich los, immer geradeaus. Toni marschiert in eine andere Richtung. Was ist denn das vor mir? Sieht aus wie ein kleiner Steinhaufen. Mit meinen Krallen stoße ich mich kräftig

Landschildkröte

Sachgeschichte

ab und versuche, über die Steine zu klettern. Hau-ruck, hau-ruck! Endlich geschafft! So Klettereien sind zwar anstrengend, machen aber viel Spaß und halten uns Schildkröten fit.
„Gut gemacht", lobt mich Natalie, doch plötzlich klingelt das Telefon, und sie rennt ins Haus. Gut gelaunt marschiere ich weiter. Als ich am Gartenzaun angelangt bin, bellt mich plötzlich ein Hund von außen an und schnüffelt mit seiner feuchten Schnauze an mir herum. Blitzschnell ziehe ich meinen Kopf und meine Beine unter meinen Panzer. Gut geschützt, bleibe ich eine Weile liegen. Vorsichtig strecke ich mein Köpfchen wieder heraus. Der Hund ist fort, ein Glück! Ich laufe noch einige Zeit am Zaun entlang und verkrieche mich dann unter ein Gebüsch. Gemütlich döse ich vor mich hin.

Plötzlich erschreckt mich Natalies Stimme: „Da bist du ja, du Ausreißerin, ich habe eine halbe Stunde nach dir gesucht. Immer muss man auf euch aufpassen, weil ihr einfach immer weiterlauft und nie zurückkommt."

Erleichtert trägt mich Natalie zurück ins Gehege. Nach einem ausgedehnten Mittagschläfchen im Schatten überkommt mich plötzlich eine seltsame Unruhe. Bald werde ich Eier legen, ich brauche unbedingt einen geeigneten Ablageplatz. Unruhig wandere ich umher und spüre mit meinen Fußsohlen die Temperatur des Bodens. Hier ist ein schöner warmer Platz! Mit meinen Hinterbeinen grabe ich eine Mulde, halte meinen Schwanz hinein und presse eins, zwei, drei, vier Eier heraus. Puh, das ist ganz schön anstrengend!

Nun schaufle ich wieder Erde über die Eier und stapfe davon. Zufrieden ruhe ich mich auf meinem Lieblingsschlafplatz unter einer großen Wurzel aus.

Auf einmal höre ich Natalie aufgeregt schreien: „Papa, Papa, komm schnell her, Lisl hat gerade ihre Eier abgelegt!" Natalies Vater nähert sich, sieht auf die Eiablagestelle und gräbt vorsichtig die Erde beiseite. „Du hast Recht, hier sind sie", ruft der Vater begeistert und hebt die Eier aus der Erde. „Was machst du mit den Eiern?", fragt Natalie neugierig. „Ich beschrifte sie, dann lege ich sie in einen Brutapparat. Nach zwei bis drei Monaten schlüpfen dann die kleinen Schildkrötenbabys", erklärt der Vater. „Unsere Sommer sind oft nicht heiß genug, und deshalb ist es unsicher, ob in der Erde die Jungen schlüpfen, im Brutapparat dagegen sind die Temperaturen immer gleichbleibend warm."

Natalie und ihr Vater entfernen sich mit meinen Eiern. Mir ist es ja egal, was mit den Eiern geschieht. In freier Natur kümmern wir Schildkröten uns auch nicht um unseren Nachwuchs. Ganz allein müssen die geschlüpften Kleinen aus der Erde kriechen und ihr Futter suchen. Wir Schildkröten können zwar über 100 Jahre alt werden, aber viele junge Schildkröten werden von Fressfeinden gefressen, zum Beispiel von großen Vögeln. Da haben wir Haustierschildkröten es schon einfacher! Sogar für unsere Winterruhe sorgen die Menschen. Natalie setzt mich im Herbst immer in eine Kiste und schiebt mich in den Kühlschrank. Dort schlafe ich etwa vier Monate, und im Frühjahr komme ich wieder heraus. Gestärkt und ausgeruht, starte ich dann in den Frühling.

Landschildkröte

Bilderquiz

1. Was braucht die Schildkröte, um sich bewegen zu können?

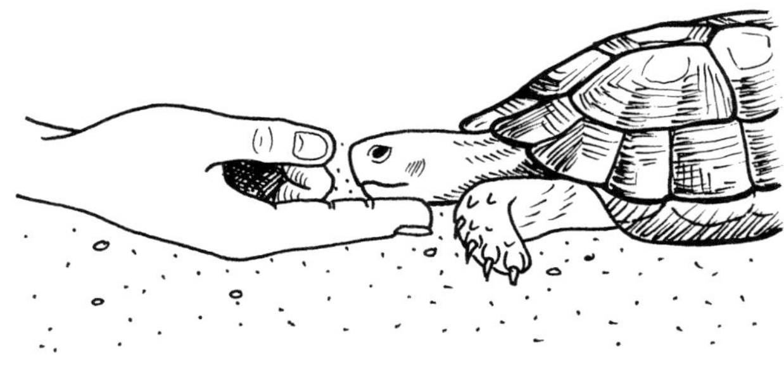

a) ☐ Wärme

b) ☐ Streicheleinheiten

2. Wo legt eine Schildkröte ihre Eier ab?

a) ☐ im Wasserbecken

b) ☐ in einer Erdmulde

Landschildkröte

Bilderquiz

3. Was macht man am besten, wenn eine Schildkröte Eier legt?

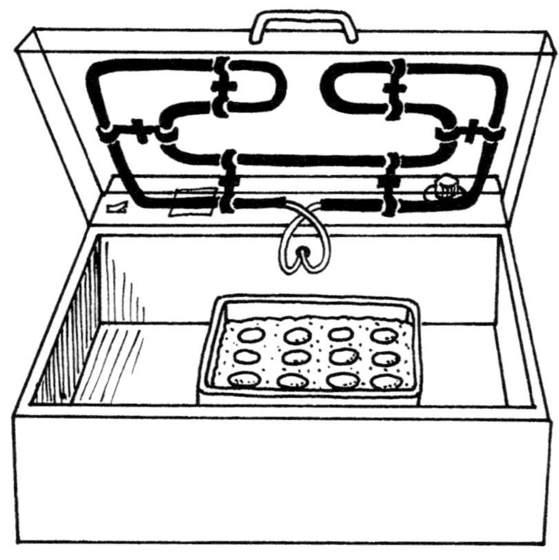

a) ☐ Man legt die Eier in einen Brutapparat.

b) ☐ Man legt sie im Garten in den Schatten.

4. Wie verbringt die Schildkröte den Winter?

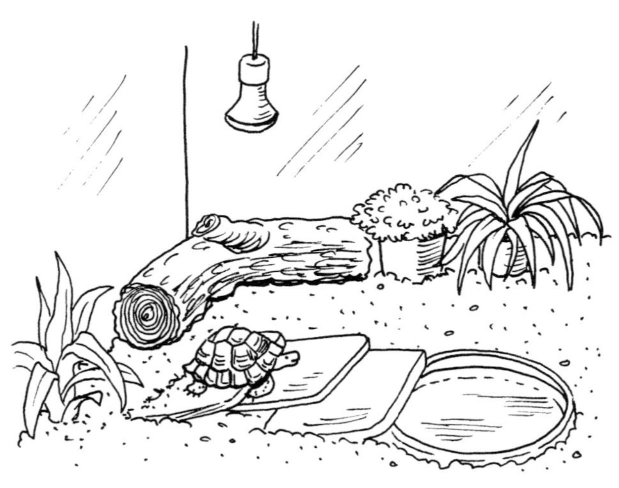

a) ☐ Sie läuft im Terrarium umher.

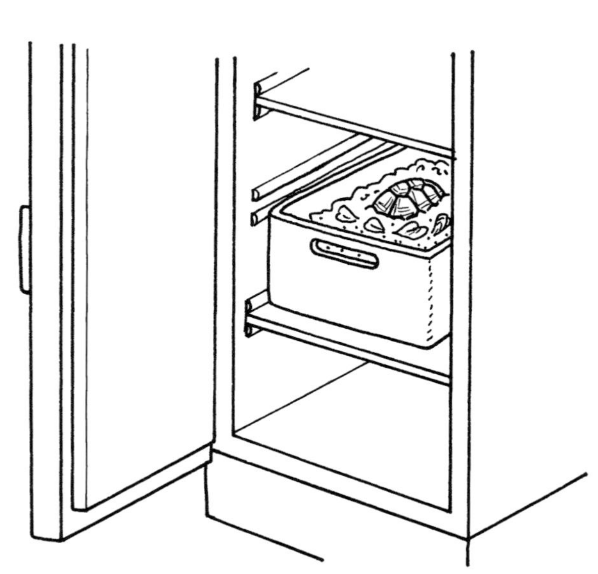

b) ☐ Sie hält Winterruhe im Kühlschrank.

Landschildkröte

Textquiz

1. Was macht die Schildkröte, während sie badet?

a) ☐ Sie zieht ihren Kopf unter den Panzer.

b) ☐ Sie legt sich auf den Rücken und plantscht mit den Beinchen.

c) ☐ Sie trinkt Wasser.

---

2. Was fressen Schildkröten?

a) ☐ Regenwürmer und Grillen

b) ☐ Heu und Löwenzahnblätter

c) ☐ Salat, Äpfel- und Bananenstückchen

---

3. Wie reißt die Schildkröte ein Stück Löwenzahnblatt ab?

a) ☐ mit ihren scharfkantigen Hornschneiden

b) ☐ mit ihren kleinen spitzen Zähnen

c) ☐ mit ihrer Raspelzunge

---

4. Wie können sich Schildkröten fit halten?

a) ☐ von einer Wurzel springen

b) ☐ Purzelbäume schlagen

c) ☐ über einen Steinhaufen klettern

---

5. Muss man eine Schildkröte beim Freilauf im Auge behalten?

a) ☐ Ja, sie läuft immer weiter und kommt in der Regel nicht von allein zurück.

b) ☐ Nein, wenn sie Hunger hat, kommt sie zum Fressen immer zurück.

c) ☐ Nein, eine Schildkröte merkt sich den Weg und findet immer zurück.

---

6. Was macht die Schildkröte, bevor sie die Eier ablegt?

a) ☐ Sie ruft nach dem Männchen, damit er sie bei der Eiablage beobachten kann.

b) ☐ Sie gräbt mit den Hinterbeinen eine Mulde in die Erde.

c) ☐ Sie wühlt mit ihrem Schwanz in der Erde.

---

7. Wie alt können Schildkröten werden?

a) ☐ 10 Jahre

b) ☐ 50 Jahre

c) ☐ über 100 Jahre

Landschildkröte

Bewegungsgeschichte

Text	Bewegungsvorschläge
Lisl, die kleine Schildkröte, wacht im Terrarium aus der Winterruhe auf. Ganz langsam streckt sie ihren Kopf aus dem Panzer und streckt ihre Beine aus. Sie hat großen Durst. Sie läuft ins Wasserbecken und trinkt ganz viel Wasser. Mmh, tut das gut!	*zusammengekauert auf dem Boden liegen – Kopf langsam nach vorn strecken, Hände aufsetzen und in den Vierfüßlerstand kommen – einige Schritte laufen, stehen bleiben, Kopf etwas senken, Mund mehrmals langsam öffnen und schließen*
Unter der Wärmelampe sonnt sie sich ausgiebig. Nun wandert sie zum Fressplatz. Sie öffnet ihr Maul und zeigt ihre rosafarbene Zunge. Mit ihren scharfen Hornschneiden reißt sie Blätterstücke ab und zerkleinert sie.	*alle viere von sich strecken, kurz still sein – auf allen vieren laufen – Mund öffnen, Zunge herausstrecken – Kopf leicht vor- und zurückbewegen, dabei Mund öffnen und schließen*
Satt und zufrieden versucht Lisl, über eine Wurzel zu klettern. Plumps! Sie fällt auf den Rücken. Mit Schwung versucht sie, sich wieder umzudrehen. Hau-ruck, hau-ruck … Hurra, sie hat es geschafft. Fröhlich marschiert sie weiter, dann ruht sie sich unter einer Pflanze aus.	*Kletterbewegungen mit den Händen – sich auf den Rücken fallen lassen – bei „hau-ruck“ nach links und rechts rollen – beim letzten „hau-ruck“ über die Seite auf alle viere kommen – umherkrabbeln, stehen bleiben, zusammengekauert auf den Boden legen*
Im Sommer wandert Lisl im Gartengehege umher. Sie sucht einen Ort, um ihre Eier abzulegen. An einer warmen Stelle gräbt sie eine Mulde. Puh, ist das anstrengend!	*auf allen vieren laufen – stehen bleiben, mit den Händen seitliche Grabbewegungen ausführen – stöhnen*
Lisl hält ihren Schwanz in die Mulde und lässt 5 Eier hineinfallen: „Plobb, plobb, plobb …“ Nun schaufelt sie das Loch wieder zu.	*5-mal „plobb“ rufen, Po dabei heben und senken – Grabbewegungen mit den Händen*
Die Eier werden in einen Brutapparat gelegt. Nach 2 Monaten schlüpfen kleine Schildkröten aus den Eiern. Sie laufen umher, und bald schon fressen sie Grünfutter.	*Oberkörper aufrichten, Arme ruckartig nach oben bewegen (= schlüpfen) – umherlaufen, stehen bleiben, fressen wie oben*

***Tipp:** Erklären Sie den Kindern, dass in Griechenland die geschlüpften Babys aus der Erde kriechen und man nur bei uns in Deutschland die Eier wegen den oft nasskalten Sommertagen in einen Brutapparat legen muss.*

Meerschweinchen

Ausmalvorlage/Steckbrief

Systematik/Herkunft Meerschweinchen sind Nagetiere und wurden von spanischen Eroberern aus Südamerika nach Europa gebracht. Die Wildmeerschweinchen in Südamerika leben in Kolonien. Ein Männchen besitzt mehrere Weibchen, die er gegen fremde Artgenossen verteidigt. Bei Gefahr schlüpfen sie in Erdlöcher, buddeln aber selbst keine Gänge und Kammern, wie beispielsweise Hamster oder Kaninchen. Durch die Zucht gibt es Hausmeerschweinchen mit kurzen, aber auch sehr langen Haaren.

Aussehen/Merkmale ständig nachwachsende Vorderzähne; 4 Zehen an den Vorderbeinen; 3 Zehen an den Hinterbeinen; sondern Düfte aus Hautdrüsen ab; erkennen sich gegenseitig am Geruch und an den Lauten; beschnuppern alles Neue; mögen Temperaturen zwischen 15–20 Grad; lieben frische Luft; benötigen täglich mindestens 2 Stunden Freilauf; erschrecken bei hohen Tönen und plötzlich auftretendem Lärm; sind geduldig, friedfertig, neugierig und gesellig; „unterhalten“ sich untereinander sehr viel; durch Laute teilen sie dem anderen mit, was sie fühlen oder was sie möchten; kratzen und beißen nicht; lassen sich gern streicheln; mögen Abwechslung (Einrichtung von Käfig und Freilaufgehege kann beispielsweise ab und zu verändert werden); Rangordnungskämpfe zwischen Männchen.

Meerschweinchen

Steckbrief

Sinne Durch die seitlich liegenden Augen können Meerschweinchen Dinge auch hinten sehen; erkennen Farben; hören sehr gut, können Laute im Ultraschallbereich wahrnehmen; hervorragender Geruchssinn, erkennt den Menschen an seinem persönlichen Duft; sehr guter Geschmackssinn (reine Pflanzenfresser besitzen die höchste Anzahl an Geschmacksknospen!); die Tasthaare helfen, sich im Raum zu orientieren, beispielsweise eine Durchschlupfmöglichkeit zu erkennen.

Lautäußerungen **Quieken:** mit einem langen Pfeifton bettelt das Meerschweinchen um Futter;
Fiepen: Verlassenheits- oder Klagelaute der Jungtiere;
Quietschen: langgezogener, lauter Schrei bei großer Angst oder Schmerzen;
Purren: tiefer, langgezogener Laut („br br br") von Männchen, die drohen oder ein Weibchen gewinnen wollen.

Körpersprache **Gähnen:** Verlierer eines Kampfes gähnt den Sieger an und zeigt ihm dadurch seine Unterlegenheit;
Hüpfen: Jungtiere hüpfen aus Freude in die Luft;
Erstarren: Aus Angst (beispielsweise plötzliches Türenknallen) erstarren die Meerschweinchen;
Treteln: Durch das abwechselnde Heben eines Hinterbeins, versucht das Männchen, seinen Gegner zu beeindrucken;
Drohen: Das Männchen sträubt sein Fell, klappert mit den Zähnen, „purrt" und umkreist seinen Gegner, um ihn einzuschüchtern.

Aktivitätszeit tagaktiv

Lebenserwartung etwa 6–8 Jahre

Haltung paarweise oder in der Gruppe

Unterbringung/ Ausstattung Von Frühjahr bis Herbst ab 10 Grad kann man Meerschweinchen im Freigehege halten, im Winter leben sie im Zimmer. Mindestkäfiggröße für 2 Meerschweinchen: 120 cm x 80 cm x 45 cm; 2 Schlafhäuschen (eines von beiden so groß, dass beide darin Platz finden); 2 Futternäpfe (eines für Trockenfutter, anderes für Frischfutter), Nippeltränke; Heuraufe; Bodeneinstreu; verstellbare Trennwände, durch die ein Käfig immer wieder umgestaltet werden kann; Freilaufgehege für Balkon (kann auch im Zimmer verwendet werden) mit Schutzhäuschen, Futterplatz und Gegenständen zum Beschäftigen (beispielsweise durchlöcherter Baumstamm zum Kriechen und Klettern) oder Freilaufgehege im Garten.

Meerschweinchen

Steckbrief

Nahrung frisches Heu und Wasser, Gemüse, Salat, Obst, Wildpflanzen (beispielsweise Löwenzahn, Spitzwegerich), Trockenfertigfutter (Getreide, Sonnenblumenkerne, Erdnüsse, …), hartes Brot und Zweige zur Abnutzung der Zähne; fressen ihren eiweißreichen Blinddarmkot (nicht den normalen Kot!), nehmen kleine Portionen über den Tag verteilt zu sich.

Pflege **täglich:** füttern, Wasser bereitstellen, Futter- und Trinkgefäße mit heißem Wasser auswaschen und trocknen, Frischfutterreste entfernen; bei Langhaarrassen Fell bürsten, Haarknoten auflösen;
wöchentlich: Käfig und Einrichtungsgegenstände mit heißem Wasser und Bürste abschrubben und trocknen, Einstreu komplett erneuern;
monatlich: Urinstein in der Bodenwanne entfernen; Gewicht, Zähne und Krallen regelmäßig kontrollieren.

Nachwuchs Ist das Weibchen noch nicht in Paarungsstimmung, versucht es, das Männchen durch Ausschlagen der Hinterbeine abzuwehren. Bleibt dies erfolglos, schießt sie einen Harnstrahl nach hinten. Ist das Weibchen paarungsbereit, umkreist das Männchen seine Auserwählte langsam und „purrt“. Nach der Paarung bringt das Weibchen nach gut 2 Monaten etwa 3 behaarte Jungen zur Welt. Sie sehen aus wie erwachsene Tiere, nur kleiner. Nachdem die Mutter das Junge trocken geleckt hat, saugen die Jungen bei ihrer Mutter Milch und erkunden die nähere Umgebung (= Nestflüchter). Die Kleinen werden 3–4 Wochen gesäugt, nehmen aber schon ab dem 1. Tag feste Nahrung zu sich. Auch ein junges Meerschweinchen kann schon an den Menschen gewöhnt werden. Man kann es beispielsweise aus der Hand fressen lassen, auf den Arm nehmen und streicheln. Meerschweinchen werden schon nach einigen Wochen geschlechtsreif.

Meerschweinchen

Sachgeschichte

„Komm, meine kleine Mara“, flüstert mir eine Stimme liebevoll ins Ohr, und eine Hand nähert sich langsam meiner Nase. Neugierig schnüffle ich an der warmen Hand. Wie schön, es ist Felix, er kommt jeden Tag zu mir und kümmert sich um mich und meinen Freund Merlin. Ich erkenne Felix nicht nur an seiner Stimme, sondern auch an seinem Geruch.

Vorsichtig umfasst Felix mit einer Hand meine Brust, mit der anderen Hand stützt er mein Hinterteil. Sanft hebt er mich aus dem Käfig und setzt mich auf seinen Unterarm. Ein Glück, dass er mich nicht einfach am Rückenfell packt. Ich würde zu Tode erschrecken, denn ich würde denken, ein Greifvogel hätte mich erwischt. Greifvögel sind nämlich die Feinde der wild lebenden Meerschweinchen in Südamerika. Von diesen Wildmeerschweinchen stammen wir Hausmeerschweinchen ab. Hier in der Wohnung habe ich zum Glück keine Feinde, und sogar mein Futter wird mir vor meiner Nase serviert. Jeden Tag stehen ein Futternapf mit Trockenfutter und ein Napf mit Gemüse, Obst und Kräutern in unserem Käfig. Aus einer Heuraufe knabbere ich immer leckeres Heu. Mmh, jetzt bürstet Felix mit einer Bürste mein Fell. Das tut wirklich gut! Da ich ein Meerschweinchen mit kurzen Haaren bin, bräuchte mich Felix gar nicht bürsten, denn ich kann mein Fell durch Putzen selbst reinigen. Nur Meerschweinchen mit langen Haaren müssen regelmäßig gebürstet werden, da sie ihr dichtes Fell nicht alleine sauber halten können. Ich freue mich aber riesig, dass ich von Felix trotzdem eine Bürstenmassage bekomme. Er ist einfach ein netter Besitzer und weiß, was uns Meerschweinchen gut tut! Nach dem Bürsten schiebt er nun vorsichtig meinen Mund auseinander und kontrolliert meine Nagezähne. „Prima, die Zähne sind nicht zu lang geworden“, höre ich Felix erleichtert sagen, „du hast ausreichend an Zweigen und hartem Brot genagt und deine Zähne gut abgewetzt. Zu lange Zähne würden dich nämlich beim Fressen behindern. Deine Krallen sind auch schön kurz, sehr schön.“ Nun werde ich auf eine kleine Waage gesetzt. „Oh, du bist ja ein kleines Dickerchen geworden“, ruft Felix erstaunt, „frisst du vielleicht zu viel?“ Nun hebt Felix meinen Freund Merlin auf die Waage. „Merlin ist nicht so dick wie du, Mara“, meint Felix und setzt uns beide in das Freilaufgehege auf dem Balkon. „Die frische Luft tut mir richtig gut“, quieke ich zu meinem Männchen. Dieser quiekt zustimmend einen Laut zurück.

Fröhlich klettern wir über eine Wurzel und kriechen durch einen Tunnel. „Da oben im Gitter stecken Karottenstückchen für uns“, ruft Merlin begeistert und flitzt sofort hin. Er stellt sich auf die Hinterpfoten und streckt und reckt sich. Endlich! Jetzt hat er die Karotte im Maul und kaut fröhlich darauf herum. Auch ich recke mich nach einem Stückchen und nage daran. Den ganzen Nachmittag springen, klettern und kriechen wir umher.

Meerschweinchen

Sachgeschichte

Als es Abend wird, holt uns Felix wieder ins Zimmer und setzt uns in unseren Käfig. Nach der frischen Luft und der vielen Bewegung sind wir sehr müde. Ich krieche in unser Häuschen und kuschle mich gemütlich an Merlin. Ein Häuschen ist für uns sehr wichtig, denn in freier Natur fliehen die Meerschweinchen vor Feinden in Erdlöcher. Auch wir Heimtiere ziehen uns sehr gerne zurück. Gerade will ich einschlafen, als es mich plötzlich im Bauch zwickt. Was ist nur los? Ich presse fester und immer fester, bis mein erstes kleines Meerschweinchen zur Welt kommt. „Schau mal Merlin, wie niedlich, ein Minimeerschweinchen mit Fell", rufe ich begeistert. Als ich das Kleine mit der Zunge trocken lecke, muss ich wieder pressen. „Kommt noch eine zweites?", fragt Merlin neugierig. Flutsch! Da ist es ja schon. Nachdem ich auch das zweite Kind sauber geleckt habe, suchen sich die beiden Kleinen eine Milchzitze an meinem Bauch. Während dem Nuckeln schlafe ich erschöpft ein. So eine Geburt ist ganz schön anstrengend!

Am nächsten Morgen weckt mich die aufgeregte Stimme von Felix. „Mama, Mama, komm schnell. Mara hat zwei Babys bekommen. Die zwei Kleinen laufen schon im Käfig herum und beschnuppern alles neugierig.
Jetzt fressen sie sogar etwas Futter aus dem Napf. „Das ist ja wirklich erstaunlich!", höre ich Felix' Mutter, „viele Tiere, wie beispielsweise Hamster und Ratten, kommen blind und nackt auf die Welt und sind ganz hilflos, deshalb nennt man sie auch Nesthocker. Unsere Meerschweinchen sind dagegen Nestflüchter, denn sie sind schon recht selbstständig und sehen schon aus wie ihre Eltern, nur kleiner, und jetzt putzen sie sich sogar schon selbst!" Wie süß!", ruft Felix begeistert, „jetzt spielen die Kleinen miteinander. Sie hüpfen immer wieder in die Luft und rennen sich gegenseitig hinterher."

Vorsichtig nimmt Felix ein Junges auf die Hand und streichelt es liebevoll. Es scheint dem Kleinen zu gefallen! Jetzt hält Felix noch einen Sonnenblumenkern vor seine Nase.
„Es frisst aus meiner Hand", flüstert Felix glücklich, „wir behalten die beiden doch, nicht wahr?" Felix' Mutter zögert etwas: „Na gut, Meerschweinchen sind ja sehr gesellig und leben gerne in der Gruppe. Vielleicht kaufen wir uns noch einen zusätzlichen Käfig, den wir mit dem anderen Käfig verbinden."

Das hört sich wirklich gut an, finde ich, wir Meerschweinchen mögen viel Abwechslung und immer mal wieder etwas Neues! Zufrieden laufe ich zu Merlin, quieke ihm ins Ohr und reibe meine Nase an seinen Kopf.

Meerschweinchen

Bilderquiz

1. Wie werden Meerschweinchen richtig hochgehoben, sodass sie nicht erschrecken?

a) ☐ Die eine Hand umfasst die Brust, die andere Hand stützt das Hinterteil.

b) ☐ Sie werden am Nacken gegriffen.

2. Was fressen Meerschweinchen?

a) ☐ Gemüse, Obst, Kräuter, Heu

b) ☐ Mehlwürmer

Meerschweinchen

Bilderquiz

3. Weshalb ist ein Häuschen für Meerschweinchen so wichtig?

a) ☐ um die schöne Aussicht zu genießen

b) ☐ um sich zurückzuziehen

4. Wie kommen die Meerschweinchenjungen zur Welt?

a) ☐ mit Fell, sie sehen schon aus wie erwachsene Tiere, nur kleiner

b) ☐ nackt und blind, sie sind völlig hilflos

Meerschweinchen

Textquiz

1. Muss das Fell von Meerschweinchen gebürstet werden?

a) ☐ Nur Meerschweinchen mit kurzen Haaren müssen gebürstet werden.

b) ☐ Meerschweinchen mit kurzem Fell können sich selbst reinigen.

c) ☐ Nur Meerschweinchen mit langen Haaren müssen gebürstet werden.

---

2. Was müssen Menschen regelmäßig kontrollieren?

a) ☐ die Länge der Krallen und der Zähne

b) ☐ das Gewicht der Meerschweinchen

c) ☐ die Augenfarbe

---

3. Was mögen Meerschweinchen?

a) ☐ einen Auslauf an der frischen Luft

b) ☐ einen kleinen Käfig

c) ☐ springen, klettern und kriechen

---

4. Wie ernähren sich die Meerschweinchenjungen?

a) ☐ Sie trinken bei ihrer Mutter Milch.

b) ☐ Sie fressen Futter aus dem Napf.

c) ☐ Sie werden mit kleinen Würmern gefüttert.

---

5. Wie nennt man neu geborene Meerschweinchen?

a) ☐ Nesthocker

b) ☐ Nesthalter

c) ☐ Nestflüchter

---

6. Wie verhalten sich junge Meerschweinchen?

a) ☐ Sie putzen sich schon selbst.

b) ☐ Sie spielen miteinander.

c) ☐ Sie liegen auf dem Rücken und strampeln hilflos mit den Beinen.

---

7. Was kann ein Mensch mit jungen Meerschweinchen machen?

a) ☐ Er darf sie etwas aus der Hand fressen lassen.

b) ☐ Er darf sie vorsichtig hochnehmen und streicheln.

c) ☐ Gar nichts, er soll die Jungen in Ruhe lassen.

Meerschweinchen

Bewegungsgeschichte

Text	Bewegungsvorschläge
Viele kleine Meerschweinchen laufen im Freigehege im Garten umher. Neugierig beschnuppern sie sich. Immer wieder geben sie quiekende Laute von sich. Fröhlich klettern sie Brücken rauf und wieder runter. Jetzt springen sie vor Freude in die Luft und rennen, so schnell sie können.	*im Vierfüßler umherlaufen – immer wieder anhalten und am anderen „schnuppern“ – Quieklaute von sich geben – im Vierfüßler Knie und Hände abwechselnd heben (= klettern) – in die Hocke gehen, mehrmals hochspringen – möglichst schnell krabbeln*
Ein langhaariges Meerschweinchen nagt an einem Zweig, um seine Zähne abzuwetzen. Ein anderes stellt seine Vorderfüße an die Heuraufe und frisst Heu. Plötzlich ertönt ein lautes Hupen. Schnell rennen die Meerschweinchen in ihre Häuschen und kuscheln sich aneinander.	*stehen bleiben – Mund etwas öffnen und Nagebewegungen – Po hochheben, Hände vor die Brust, kauen – „tüt-tüt …“ rufen – ins „Häuschen“ (Seil) krabbeln, aneinanderkuscheln*
Nach einer Weile kommen sie wieder heraus. Jetzt putzen sich einige Meerschweinchen ausgiebig. Sie lecken ihr Fell mit der Zunge. Nun beknabbern sie einige schmutzige Stellen. Dann kratzen sie sich mit der Pfote am Kopf. Oh, seht! Zwei neue Männchen werden gerade ins Gehege gesetzt.	*aus dem Seil krabbeln – Arm vor das Gesicht halten – Leckbewegung mit Zunge – an einer Hand/Arm knabbern – mit den Fingern am Kopf kratzen – mit dem Finger in eine Richtung deuten*
Sofort beginnen die Rangordnungskämpfe zwischen den Männchen. Jeder will der Stärkste sein. Ein Männchen droht dem anderen: Es klappert mit seinen Zähnen. Nun umkreist es den Gegner und „purrt“. Dann hebt es die Hinterbeine und versucht, den Gegner einzuschüchtern. Nun droht wieder ein Männchen dem anderen …	*paarweise zusammengehen – ein Kind schlägt leicht Zähne aufeinander – das andere Kind umkreisen, dabei „br, br, br …“ tönen (= purren) – im Vierfüßler abwechselnd die Knie heben, sodass eine schaukelnde Bewegung entsteht – Rollentausch, Wiederholung*
Ein Glück! Die Rangordnungskämpfe haben aufgehört. Jedes Männchen weiß nun, wie stark es ist und wie es sich in der Gruppe verhalten muss. Jetzt sind alle wieder friedlich. Fröhlich spielen alle Meerschweinchen Fangen.	*Kinder fangen sich gegenseitig*

Tipp: *Kennzeichnen Sie vor Beginn mit einem langen Seil oder anderen Gegenständen das Häuschen. Da die Rangordnungskämpfe mit verteilten Rollen gespielt werden, können Sie ggf. festlegen, welches Kind zuerst dem anderen droht.*

Ratte

Ausmalvorlage/Steckbrief

Systematik/Herkunft Ratten sind Nagetiere und gehören zur Familie der Langschwanzmäuse. Die heute als Heimtiere gehaltenen Ratten sind Wanderratten, die von zahmen Laborratten abstammen. Die bei uns wild lebenden Ratten sind fast alle die feuchtigkeitsliebenden Wanderratten. Die Hausratte, die einen trockenen und wärmeren Lebensraum bevorzugt, ist mangels geeigneter Unterschlupfmöglichkeiten in Deutschland fast ausgestorben.

Aussehen/Merkmale spitze Schnauze; lange, gebogene, ständig nachwachsende Schneidezähne; Tasthaare um Schnauze und Augen; 4 Krallen an den Zehen der Vorderfüße, 5 an den Hinterfüßen; schwach behaarter, fast körperlanger Schwanz mit Schuppenringen; eigene und gegenseitige Fellpflege; betreiben Vorratshaltung (verbuddeln Futter); sind sehr gewandt und geschickt im Klettern und Balancieren; sind intelligent und neugierig; brauchen etwa 2 Stunden täglichen Auslauf; fassen schnell Vertrauen zum Menschen; mögen Kontakt untereinander, aber auch zum Menschen; Rangordnungskämpfe vor allem unter Männchen; markieren mit Harntröpfchen sämtliche Gegenstände in ihrem Revier einschließlich ihre Artgenossen und den vertrauten Menschen; Rudelmitglieder erkennen sich am Geruch, anders riechende Ratten werden angegriffen; sehr empfindlich gegen Zugluft und Rauch; viele Ratten nehmen gerne ein Bad, manche aber auch nicht.

Ratte

Steckbrief

Sinne Ratten können Bewegungen sehr gut erkennen und in der Dämmerung gut sehen; die Sehschärfe ist weniger gut; hervorragendes Hörvermögen; guter Geruchssinn (Ratten tauschen viele Informationen über Düfte aus); sehr guter Gleichgewichtssinn.

Lautäußerungen **Fiepen:** verlassene Junge im Nest rufen nach der Mutter;
Schnauben und Fauchen: Droh- und Warnlaute, beispielsweise gegenüber fremden Ratten;
Quieken: Unmutsäußerung beispielsweise bei Streit;
Zähneknirschen: kann Wohlbefinden, aber auch Furcht ausdrücken.

Körpersprache **gegenseitige Begrüßung:** Ratten beschnuppern sich am Fell, an der Schnauze und am Po;
Sichern: Ratte bleibt stehen, streckt die Nase in die Luft und prüft Düfte (wittert);
Drohen und Imponieren: in seitlicher Stellung mit halb geschlossenen Augen, gesträubtem Fell und steifen Beinen bewegt sich die Ratte im Zeitlupentempo;
Demutshaltung: Der Verlierer eines Kampfes legt sich in Seiten- oder Rückenlage.

Aktivitätszeit Ratten werden erst am Abend und in der Nacht richtig wach. Gelegentlich kann man sie aber auch tagsüber für ein Spielchen oder eine Schmusestunde begeistern.

Lebenserwartung 2–3 Jahre

Haltung paarweise, besser noch in einer Gruppe; um Nachwuchs zu vermeiden, hält man Ratten am besten in gleichgeschlechtlichen Gruppen.

Unterbringung/ Ausstattung nur Zimmerhaltung, da Ratten sehr zugluftempfindlich sind;
Käfigausstattung: mehrere Etagen hoher Käfig mit Sitzbrettern, Schlafhäuschen und Verstecken; Etagen sind über Leitern, Äste, Seile, Treppen und Röhren miteinander verbunden, Bodenwanne mit Einstreu, Futternäpfe und Nippeltränken, Toilettenecke mit Streu, Kiste mit Zeitungs- oder Toilettenpapier, Laub, Heu oder Sand zum Wühlen; wie bei anderen Haustieren gilt auch hier: Je abwechslungsreicher und großzügiger der Wohnbereich ist, desto wohler fühlen sich die Tiere.

Ratte

Steckbrief

Nahrung Körnerfutter, Obst und Gemüse, ab und zu ein Stück Käse, Ei, Jogurt oder Quark, frisches Wasser, Knabberkost, wie beispielsweise Knäckebrot oder Zwieback, zum Abreiben der Nagezähne, Leckereien wie Nüsse nur selten, da sie dick machen.

Pflege **täglich:** füttern, Wasser bereitstellen, Frischfutterreste entfernen, jeden 3. Tag Toilettenecke säubern und neu einstreuen; Vorratslager kontrollieren;
alle 2 bis 3 Wochen: Reinigung der gesamten Einrichtung; von Harn durchtränkte Gegenstände säubern oder ersetzen.

Nachwuchs Ratten sind alle paar Tage fortpflanzungsfähig und können bis zu siebenmal im Jahr Kinder bekommen. Vor der Geburt baut das Weibchen ein Nest. Hierfür reißt es beispielsweise Papier in Stücke und bringt diese ins Wurflager. Etwa 3 Wochen nach der Paarung bringt das Weibchen 6–12 nackte, blinde und taube Jungen zur Welt. In der ersten Zeit liegt die Mutter fast durchgehend bei den Kleinen, um sie zu säugen, zu putzen und zu wärmen. Bei häufigen Störungen nimmt die Mutter ihre Jungen zwischen die Zähne und trägt sie an einen ruhigeren Ort. Nach etwa 2 Wochen öffnen sich Augen und Ohren, die Jungen werden aktiver und beginnen, die Umgebung zu erkunden. Die Gitterstäbe des Käfigs müssen sehr eng sein, da sich die Rattenkinder sonst durchzwängen. Ab der 4. Woche nehmen die Jungen feste Nahrung zu sich und können von der Mutter getrennt werden. Andere Weibchen des Rudels beteiligen sich oft an der Aufzucht der Jungen.

Ratte

Sachgeschichte

„Tobias, könntest du mir bitte helfen?“, fragt Mutter und zieht Häuschen, Röhren, Kletterseile, Leitern, Äste und eine Wippe aus unserem Käfig.
„Jetzt nicht, ich spiele gerade mit Pia. Meine kleine süße Ratte sitzt gerade auf meiner Schulter und knabbert so schön an meinem Ohr“, antwortet Tobias und krault dabei zärtlich meinen Bauch. „Dann komm du bitte, Katharina“, fordert Mutti ihre Tochter auf. „Geht leider nicht, meine Lieblingsratte Lotte ist in meinen Ärmel geschlüpft und will nicht mehr heraus“, erwidert Katharina und fängt das Kichern an. „Das kann es ja wohl nicht geben“, schimpft die Mutter, „immer wenn es um die Käfigreinigung geht, hat keiner von euch Zeit. Weshalb soll ich immer alles alleine machen?“ „Weil du es am besten kannst“, lacht Tobias und grinst frech zu seiner Mutter. Mutters Miene verfinstert sich, und sie verlässt wütend das Zimmer. „Hättest du ihr halt geholfen“, meckert Tobias seine Schwester an. „Warum ich und nicht du?“, motzt Katharina zurück, „ich kümmere mich auch lieber um die Tiere, als den Käfig zu putzen.“ Das stimmt allerdings.

Die beiden Kinder beaufsichtigen jeden Tag unseren Freilauf im Zimmer. Jeden Nachmittag um fünf Uhr stehen ich und meine drei Schwestern Lotte, Helga und Rosi am Käfiggitter und warten sehnsüchtig auf unsere Menschenkinder. Wir haben zwar einen schönen, großen Käfig zum Spielen und Toben, doch wir genießen es, jeden Tag Neues zu entdecken und mit unserer Menschenfamilie zu kuscheln.

Nachdem ich das Ohr von Tobias ausführlich beknabbert habe, spritze ich ein paar Harntropfen auf ihn. Wir Ratten markieren in unserem Revier nicht nur sämtliche Gegenstände, an denen wir vorbeikommen, sondern auch die anderen Ratten und die Menschen, mit denen wir leben. Vertraute Menschen betrachten wir auch als Rudelmitglieder, und deshalb bekommen auch sie ein paar Harnspritzer ab. Flink renne ich den Arm von Tobias hinauf und hinunter. Mmh, lecker! Tobias hält mir einen kleinen Leckerbissen vor die Nase. Neugierig schnüffle ich daran. Köstlich! Es ist ein Stück Käse! Gierig ergreife ich ihn mit meinen Vorderpfoten und nage eifrig daran. Käse ist für uns Ratten etwas Besonderes. Körnerfutter, Obst und Gemüse bekommen wir jeden Tag, aber Käse, Ei oder Jogurt gibt es nur zweimal die Woche. Nachdem ich den Käse gefressen habe, schaue ich Tobias erwartungsvoll an. Vielleicht gibt es ja noch eine kleine Nuss als Nachtisch? Heute anscheinend nicht! Nüsse machen dick, deshalb bekommen wir diese Leckereien nur sehr selten.

Ratte

Sachgeschichte

„He, du alte Ratte, komm mit mir in die Badeschüssel, plantschen“, ruft Lotte unternehmungslustig.
Sogleich flitze ich zu ihr. Sie steht bereits in der Schüssel und genießt das warme Wasser. Vorsichtig halte ich eine Pfote hinein, doch ich habe keine Lust, zu baden. Nicht jede Ratte ist eben eine Wasserratte. „Weshalb hast du mich vorhin alte Ratte genannt?“, frage ich Lotte vorwurfsvoll, „wir Ratten werden überhaupt nicht alt, nur etwa zwei bis drei Jahre, wusstest du das nicht?“ „Ist mir doch egal“, erwidert Lotte frech und spritzt mich voll Wasser.

„Dass Rattenweibchen bis zu siebenmal im Jahr Kinder bekommen können, weißt du wohl auch nicht?“, frage ich weiter. „Das interessiert mich nun wirklich nicht“, erwidert Lotte genervt, „wie du weißt, leben bei uns nur Weibchen, und ohne Männchen können wir Weibchen auch keine Jungen kriegen.“ Plötzlich geht mir ein Licht auf. Unsere Menschenfamilie hält deshalb keine Männchen, damit wir nicht dauernd Kinder kriegen. Schließlich wäre der Käfig mit so vielem Nachwuchs bald überfüllt!

Mutter kommt gerade mit den gewaschenen Käfiggegenständen herein. Tobias und Katharina gehen zu ihr, streuen neue Einstreu in unseren Käfig und helfen ihr beim Einräumen. Schnell flitze ich zur Holzwippe neben dem Sofa. Ich renne hoch, setze ein Bein auf die andere Seite, und zack, kippt die Wippe nach unten. „He, lass mich mal“, ruft Lotte, springt zu mir und drängt mich beiseite. So eine Unverschämtheit! Ich hüpfe auf sie und zwicke ihr ins Ohr. Nun wirft mich Lotte auf den Rücken, und wir kugeln beide die Wippe hinunter. „Schaut mal, die beiden streiten um die Wippe“, ruft Mama amüsiert, „das ist ja wie bei euch Geschwistern.“ Das stimmt! So wie Menschengeschwister manchmal streiten, sind kleine Rangeleien bei uns Ratten ganz normal. Nur wenn wir uns ständig beißen würden, müssten wir getrennt werden. „He, du miese Ratte, ich war zuerst auf der Wippe“, empöre ich mich und schubse Lotte zur Seite.

Lotte steigt in die Sandkiste und fängt das Graben an. Ich folge ihr neugierig, doch der Sand fliegt mir um die Ohren!
„Wo sind Rosi und Helga?“ fragt Katharina und schaut sich besorgt um. „Hier unter dem Sofa sitzen sie, ich versuche, sie hervorzuholen“, ruft Tobias aufgeregt. „Aber nicht am Schwanz hochziehen“, warnt Katharina, „das ist für Ratten sehr schmerzhaft.“ „Dann mach du doch, wenn du schon so schlau bist“, meckert Tobias. Katharina nimmt zwei Nüsse, beugt sich unter das Sofa und hält sie vor Rosi und Helga. Meine beiden Freundinnen schnuppern neugierig mit ihrem Näschen und krabbeln sogleich zu den Nüssen. Blitzschnell flitze auch ich unter das Sofa und lasse mich mit einer köstlich riechenden Nuss hervorlocken. Ratten sind eben sehr schlau, nicht wahr?

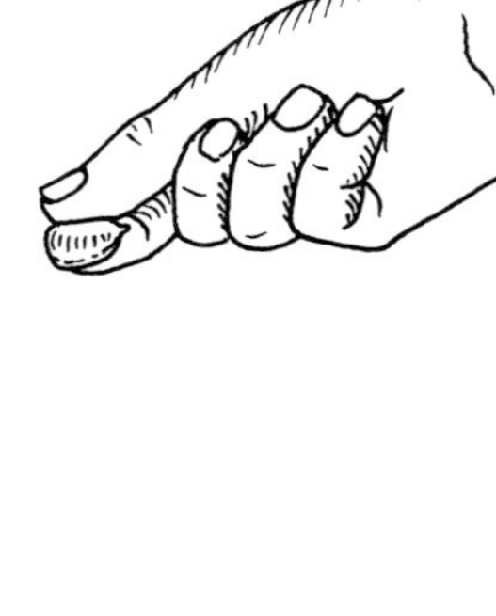

1. Mögen Ratten Körperkontakt zum Menschen?

a) ☐ Ja, sie nehmen gerne Kontakt zum Menschen auf.

b) ☐ Nein, sie kuscheln nur mit ihren Artgenossen.

2. Können Ratten gut klettern?

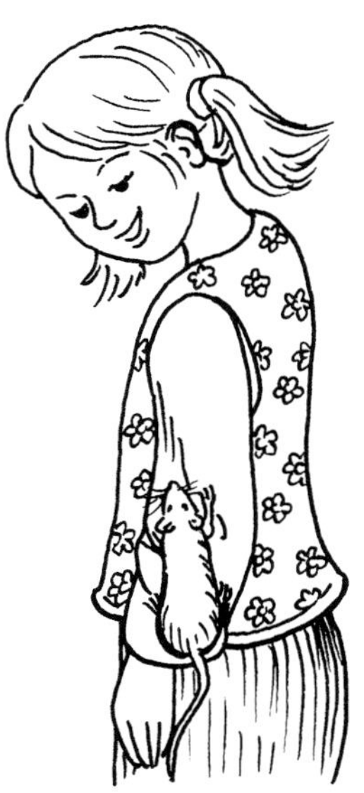

a) ☐ Ja, sie können beispielsweise an einem Menschen hochklettern.

b) ☐ Nein, Ratten müssen hochgehoben werden.

Ratte

Bilderquiz

3. Was machen Ratten besonders gern?

a) ☐ wippen

b) ☐ auf dem Rücken liegen

4. Wie können Ratten unter dem Sofa hervorgeholt werden?

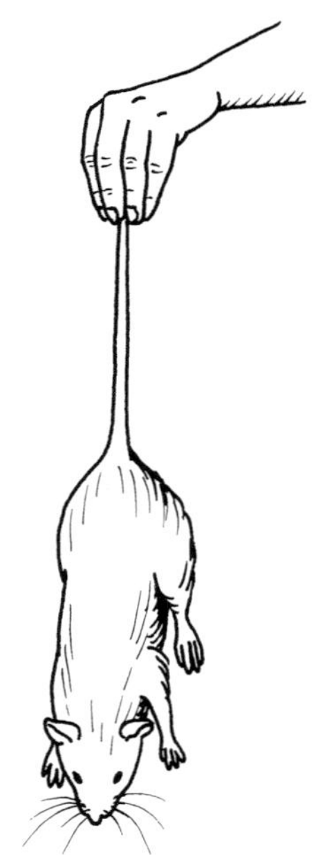

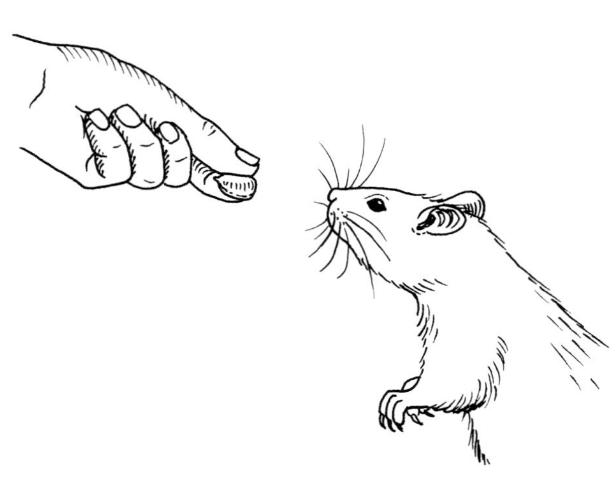

a) ☐ Sie sollten am Schwanz gegriffen und hochgehoben werden.

b) ☐ Sie können mit Leckereien wie Nüssen hervorgelockt werden.

Ratte

Textquiz

1. Was markieren Ratten durch Harntröpfchen in ihrem Revier?

a) ☐ sämtliche Gegenstände, an denen sie vorbeikommen

b) ☐ das Trinkwasser in ihrer Nippeltränke

c) ☐ andere Ratten und vertraute Menschen

2. Wovon ernähren sich Ratten?

a) ☐ nur von Fleisch

b) ☐ von Körnerfutter, Obst und Gemüse

c) ☐ zweimal die Woche fressen sie Käse, Ei oder Jogurt

3. Baden alle Ratten gerne?

a) ☐ Ja, alle Ratten lieben es, ein Bad zu nehmen.

b) ☐ Manche Ratten baden gerne, manche nicht.

c) ☐ Nein, alle Ratten sind wasserscheu.

4. Wie alt werden Ratten?

a) ☐ nur 2–3 Jahre

b) ☐ über 5 Jahre

c) ☐ über 10 Jahre

5. Wie viele Male im Jahr können Rattenweibchen Kinder bekommen?

a) ☐ einmal im Jahr

b) ☐ zweimal im Jahr

c) ☐ bis zu siebenmal im Jahr

6. Was muss bei der Käfigreinigung alles getan werden?

a) ☐ Käfiggegenstände abwaschen und wieder einräumen

b) ☐ neue Einstreu in den Käfig streuen

c) ☐ den Käfig mit den Ratten in die Badewanne stellen

7. Streiten Ratten manchmal?

a) ☐ Ja, so ähnlich wie Menschengeschwister.

b) ☐ Nein, kleine Rangeleien kommen nie vor.

c) ☐ Nein, Ratten streiten sich nur mit anderen Haustieren.

Ratte

Bewegungsgeschichte

Text	Bewegungsvorschläge
Rolf, die kleine Ratte, sitzt im Käfig und frisst Körner. Um seine Zähne abzuwetzen, nagt er an einem harten Brot. Nun schleckt er ausgiebig seine Pfoten und wischt sie sich übers Gesicht. Nun ist die Ratte satt und sauber und hat Lust, sich zu bewegen.	*Ratte (R) hält Hände vor den Mund und kaut – Mund öffnen und Zähne auf- und abbewegen – Leckbewegungen mit der Zunge an den Händen, Hände von hinten nach vorne über die Ohren ziehen*
Fröhlich klettert Rolf an einer Strickleiter hoch und wieder runter. Geschickt balanciert er über ein gespanntes Seil. Prima macht er das! Kann Rolf auch rückwärts laufen? Ein Stückchen schafft er es, doch plumps, da fällt er plötzlich runter.	*Helfer (H) hält ein Seil senkrecht in die Luft, R „klettert" mit den Händen das Seil hoch und runter – H legt Seil auf den Boden, R „läuft darüber" und berührt dabei nur mit Händen und Füßen das Seil – wie eben, nur rückwärts – R lässt sich zur Seite fallen*
Eifrig buddelt Rolf in einer Sandkiste. Der Sand fliegt umher. Hui, macht das Spaß! Nun flitzt die kleine Ratte durch große Tunnel und Röhren. Jetzt zwängt sie sich durch enge Spalten und Höhlen.	*H kauert sich auf den Boden, R „gräbt" auf dem Rücken von H – H geht in den Vierfüßler, R krabbelt durch H – H legt sich mit angestellten Beinen auf den Rücken, R zwängt sich durch die Beine*
Nun begegnet Rolf einem anderen Männchen. Beide boxen sich mit ihren Pfoten an die Brust. Rolf ist der Stärkere, der Verlierer legt sich auf den Rücken und gibt auf. Doch bald schon vertragen sie sich wieder, und sie spielen Fangen.	*R und H boxen in aufgerichteter Haltung gegen die Brust des anderen (nicht grob sein!) – H, als Verlierer, legt sich auf den Rücken – R und H spielen Fangen*
Wie schön! Jetzt kommt Hanna ins Zimmer. Rolf legt seine Pfoten an Hannas Hand und frisst einen Leckerbissen. Nun krabbelt Rolf den Arm nach oben und knabbert an Hannas Ohr. Wie das kitzelt! Nun stupst Rolf sein Schnäuzchen an Hannas Nase. Ist sie nicht süß, die kleine Ratte?	*H spielt Hanna: R legt seine Hände (= Pfoten) an die Hand von H und kaut – R krabbelt mit den Fingern am Arm von H nach oben und „knabbert" am Ohrläppchen – Zeigefinger als Schnauze berührt die Nase von H*

***Tipp:** Ein Kind spielt die Ratte (R), das andere den Helfer (H). Jedes Paar benötigt ein Stück Schnur oder Seil.*

Wellensittich

Ausmalvorlage/Steckbrief

Systematik/Herkunft	Wellensittiche gehören zur Familie der Papageien. Die Hauswellensittiche stammen von den wilden grünen Wellensittichen aus Australien ab. Inzwischen gibt es viele Zuchtformen mit unterschiedlichen Gefiederfarben. In freier Natur leben sie in großen Schwärmen und fliegen auf der Suche nach Wasser oft Tausende von Kilometern.
Aussehen/Merkmale	leichte Knochen; leistungsstarkes Herz (Herz schlägt 200–600 Mal in der Minute); 4 Zehen an jedem Fuß (2 weisen nach vorn, 2 nach hinten); Nasenhaut bei Männchen blau, bei Weibchen bräunlich; putzen regelmäßig ihr Gefieder; besitzen Fettdrüse (Bürzeldrüse), aus der sie wasserabweisendes Fett auf die Federn streichen; knabbern, spielen und baden gerne; sind intelligent und neugierig; besitzen die Fähigkeit, die menschliche Sprache nachzuahmen (in der Regel nur bei viel Training erfolgreich); sind leicht zu zähmen; benötigen täglichen Freiflug und viel Beschäftigung.

Wellensittich

Steckbrief

Sinne	gutes Sehvermögen, fast vollständiger Rundumblick; können Farben erkennen; gutes Gehör, hervorragendes akustisches Gedächtnis (kann beispielsweise Tonfolgen eines anderen Wellensittichs genau wiedergeben); Geruchssinn spielt keine große Rolle, ob Wellensittiche überhaupt riechen können, ist nicht erforscht. Was ihnen nicht schmeckt, wird wieder ausgespuckt.
Lautäußerungen	**Zwitschern:** Wellensittiche fühlen sich wohl (Körpergefieder ist dabei aufgeplustert und die Augen zeitweise geschlossen). **Gezeter:** ohrenbetäubende Laute, durch die der Vogel seine Aufregung ausdrücken will; **Balzgesang:** Männchen zwitschert während der Balz seine Angebetete an; **Kontaktruf:** Mit diesem Laut halten die Wellensittiche Kontakt untereinander; **Alarmruf:** Dieser kurze und schrille Ruf warnt die Gruppe vor Gefahr.
Körpersprache	**rasches Auf- und Abwärtsschlagen mit den ausgebreiteten Flügeln:** Junge Sittiche trainieren ihre Muskulatur, bei älteren Vögeln ist es ein Zeichen mangelnder Flugmöglichkeiten; **Sich putzen:** Wellensittiche verbringen viel Zeit mit der Gefiederpflege, da sie nur mit einem sauberen Gefieder optimal fliegen können; **Gegenseitiges Kraulen:** zusammengehörende Pärchen beknabbern sich gegenseitig am Kopf; **Schnäbeln:** Zwei Wellensittiche haken ihre Schnäbel als Ausdruck von Zärtlichkeit ineinander; **Drohen:** mit hochgerecktem Körper, verbunden mit einem Drohlaut, wird dem Artgenossen gedroht, notfalls nach ihm auch gehackt; **Schlafen:** auf der Stange sitzend, Schnabel ins Rückengefieder gesteckt, meist ein Bein ins Bauchgefieder zurückgezogen.
Aktivitätszeit	tagaktiv
Lebenserwartung	12–14 Jahre
Haltung	paarweise oder in Gruppen

Wellensittich

Steckbrief

Unterbringung/ Ausstattung	**Zimmerkäfig:** Wellensittiche können in einem Käfig im Zimmer (täglicher Freiflug!) oder in einem sehr geräumigen Käfig (Voliere) im Freien gehalten werden. Käfig (mind. 70 x 40 x 50 cm für 2 Wellensittiche), Sitzstangen (teilweise auch Äste), Vogelsand für den Boden (bindet Kot und Urin), Futter- und Trinkgefäße, Schnabelwetzstein (für das Abwetzen des Schnabels und die Kalkzufuhr), Badewanne, Gegenstände zum Spielen und Beschäftigen (beispielsweise Holzschaukeln, kleine Holzleitern, Plastikbällchen mit Glöckchen); empfehlenswert sind „Abenteuerspielplätze" außerhalb des Käfigs (im Fachhandel erhältlich).
Nahrung	Körnerfutter, frisches Wasser, Gemüse, Obst, Wildpflanzen (beispielsweise Löwenzahn, Wegerich), Kräuter (beispielsweise Petersilie, Kresse), Zweige mit Blattknospen, täglich ein kleines Stück Kolbenhirse, Kalkstein, Vogelsand für die Mineralienzufuhr und für die Verdauung.
Pflege	**täglich:** füttern, Wasser bereitstellen; Futternäpfe mit heißem Wasser auswaschen und trocknen, Frischfutterreste entfernen; **wöchentlich:** Käfiginneres gründlich reinigen, Sitzstangen und Spielsachen aus dem Käfig holen und mit heißem Wasser abwaschen; Vogelsand komplett erneuern; **monatlich:** gesamten Käfig mit heißem Wasser abduschen und trocknen lassen; Krallen schneiden, falls sie zu lang sind (vorher vom Tierarzt zeigen lassen!).
Nachwuchs	Um ein Weibchen für die Paarung zu gewinnen, plustert das Männchen sein Gefieder auf, trippelt zwitschernd hin und her, tippt mit seinem Schnabel gegen den Schnabel des Weibchens und füttert es. Ein Pärchen, das sich gefunden hat, krault sich gegenseitig und schnäbelt zärtlich miteinander. Nach der Paarung sucht das Weibchen eine Baumhöhle (bei der Zucht Nistkasten) und setzt sich für längere Zeit hinein. Ist das Weibchen in Brutstimmung gekommen, so legt es im Abstand von 1–2 Tagen etwa 3–5 Eier. Das Weibchen sitzt auf den Eiern, betastet sie mit der Zunge, wendet sie und schiebt sie mit dem Schnabel zurecht. Die Jungen schlüpfen nackt und blind und werden von den Eltern gewärmt und gefüttert. Am 7. Tag öffnen sich die Augen, und die Federn beginnen zu wachsen. Nach 3 Wochen spazieren die Kleinen im Nistkasten umher und spielen miteinander. Nach 4–5 Wochen können sie fliegen und verlassen den Aufzuchtsort.

Wellensittich

Sachgeschichte

Fröhlich sitze ich auf einem Ast und zwitschere mit vielen anderen Wellensittichen in einem großen Käfig. Susi, meine Freundin neben mir, singt gerade so ein schönes Liedchen. Ich versuche, genau die gleichen Töne nachzusingen. „Sehr schön", lobt mich Susi, „du hast genau die richtige Tonlage getroffen." Nachdem wir ausführlich gezwitschert haben, knabbert Susi mit ihrem Schnabel an meinem Kopf. Mmh, diese Kopfmassage tut wirklich gut! Nun haken wir unsere Schnäbel ineinander und schnäbeln zärtlich miteinander. Wir beide sind wirklich sehr verliebt! „Schau mal, Hansi", zwitschert Susi mir ins Ohr, „ein Mann und ein Kind gucken neugierig in unseren Käfig."

„Nehmen wir den Blauen, der hat so ein freches Gesicht", meint der Mann und zeigt mit dem Finger auf mich. Gerade kommt unser Pfleger heran und begrüßt die beiden Besucher: „Guten Tag, meine Herren, wie Sie ja sicher wissen, muss man Wellensittiche entweder zu zweit oder in der Gruppe halten. Wellensittiche leben in Australien in einem großen Schwarm, allein würden sie ein unglückliches Leben führen." „Die beiden sind doch süß, Papa", ruft das Kind entzückt und zeigt auf Susi und mich. „Ja, das ist eine gute Wahl", antwortet der Pfleger, „der eine mit dem blauen Gefieder heißt Hansi, es ist ein Männchen; das erkennt man übrigens an der blauen Nasenhaut oberhalb des Schnabels. Die Wellensittichdame mit dem grünen Gefieder und der bräunlichen Nasenhaut neben ihm ist Susi." Neugierig starren uns der Mann und das Kind an. „Hansi ist ein sehr lebhafter Vogel, Susi ist eher stiller und schüchterner", erläutert der Pfleger weiter, „jeder Wellensittich hat seine eigene Persönlichkeit." „Die beiden sind ganz reizend", schwärmt der Mann.

Der Pfleger öffnet die Käfigtür und hält uns ein Stück Karotte vor die Nase. Fröhlich knabbern wir daran. Nun steige ich auf seine Hand und laufe den Arm hoch. Susi kommt nach kurzem Zögern hinterher. Der Pfleger führt seinen Arm aus dem Käfig und hui, schon fliegen wir einige Runden durch den Raum. Nun landen wir wieder auf dem Arm.

„Täglicher Freiflug ist sehr wichtig, denn in ihrer Heimat fliegen Wellensittiche auf der Suche nach Wasser viele Hundert Kilometer weit", erklärt ihnen der Pfleger, „außerdem stärkt das Fliegen die Muskulatur und fördert das Wohlbefinden." Sanft krault er uns nun am Hals. „Wie sollen wir die zwei nach Hause transportieren?", fragt der Mann. „Ganz einfach", erwidert der Pfleger und holt eine Schachtel mit kleinen Löchern und einer leckeren Kolbenhirse darin. Susi und ich fliegen in die Schachtel und picken sofort die köstlichen Samen.

Plötzlich wird es dunkel um uns. „Was ist los?", zetert Susi neben mir und trippelt aufgeregt umher. „Ich weiß es auch nicht",

erwidere ich ratlos. Eine ganze Weile hören und sehen wir gar nichts. Doch plötzlich öffnet sich die Schachtel. Vorsichtig tripple ich heraus und laufe direkt in einen neuen großen Käfig hinein. „Komm, Susi", zwitschere ich, „ich glaube, das ist unser neues Zuhause."
Vorsichtig kommt auch Susi in den Käfig gelaufen. Flink klettere ich eine Strickleiter hoch und setze mich auf eine Sitzstange. Oh, wie schön! Direkt neben mir hängt ein Glöckchen. Ich ergreife es mit meinem Schnabel und klingle einige Male damit. Dann entdecke ich eine Holzschaukel. Sofort klettere ich darauf und schaukle hin und her. Das macht wirklich Spaß. Wir Wellensittiche spielen und beschäftigen uns einfach sehr gerne.
„Hier ist eine Schale mit Körnern", ruft Susi von unten und fängt hungrig an, zu fressen. Ich fliege zu ihr auf den Boden und nehme erst einmal einige Schlucke Wasser aus dem Trinkgefäß. „Schau mal, Susi, hier hängt ein großer Haselnusszweig mit Blättern", zwitschere ich begeistert und beginne, darauf herumzuknabbern.

„Weshalb nagen Wellensittiche an Zweigen, Papa?", höre ich auf einmal eine Kinderstimme. Neugierig schaue ich auf und sehe wieder den Mann und den Jungen, die uns beide sehr liebevoll betrachten. „Durch das Nagen an Zweigen bleibt der Schnabel kurz", erklärt der Vater seinem Kind, „außerdem nehmen die Vögel durch das Knabbern wichtige Mineralien und Vitamine auf." „Knabbern macht außerdem viel Spaß", zwitschere ich den beiden zu. Nun schaue ich mich nach Susi um. „Hier bin ich, in der Badewanne", flötet sie fröhlich und flattert mit ihren Flügeln in einem Untersetzer mit Wasser.

Nachdem auch ich ein Bad genommen habe, werde ich müde. Ich setze mich auf meine Stange und stecke meinen Schnabel ins Gefieder. Auch Susi ist müde und kuschelt sich an mich. Zufrieden schlafen wir ein. Am nächsten Morgen wachen wir auf und putzen uns ausgiebig.

„Kommt, meine Lieben, heute dürft ihr im Zimmer fliegen", ruft der Junge, öffnet den Käfig und legt ein Stück Kolbenhirse auf die Käfigtür.
Neugierig komme ich heran und picke die Körner. Vorsichtig nähert sich ein Finger und streichelt mich an der Brust. Vorwitzig laufe ich auf die Schulter des Kindes und knabbere an den Haaren.
„Ich möchte den beiden das Sprechen beibringen", ruft das Kind seinem Vater begeistert zu. „Wellensittiche haben die Fähigkeit, die menschliche Sprache nachzuahmen, aber man muss sehr viel mit ihnen üben", erklärt ihm der Vater.

Ich kann es kaum glauben. Meine schüchterne Susi fliegt gerade über mir und zwitschert: „Schön ist es hier, ich fühle mich schon richtig wohl." Da hat sie wirklich Recht!

Wellensittich

Bilderquiz

1. Wie sollte man Wellensittiche halten – einzeln oder zu mehreren?

a) ☐ Sie sind Einzelgänger. Daher sollte man sie einzeln halten.

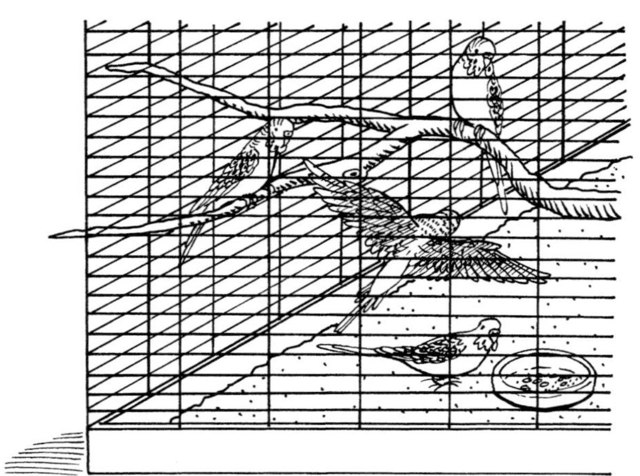

b) ☐ In Freiheit leben sie in Schwärmen. Daher sollte man sie zu zweit oder in Gruppen halten.

2. Baden Wellensittiche gerne?

a) ☐ Ja.

b) ☐ Nein, sie sind wasserscheu.

Wellensittich

Bilderquiz

3. Wie schläft ein Wellensittich?

a) ☐ Er sitzt auf der Stange und hat seinen Schnabel ins Gefieder gesteckt.

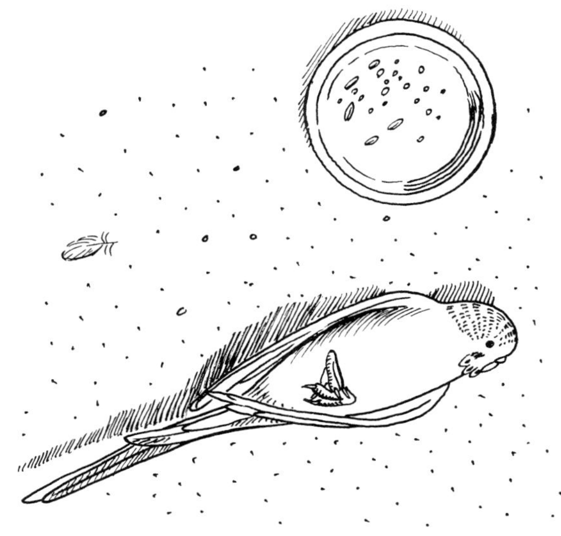

b) ☐ Er liegt auf dem Käfigboden.

4. Wie kann man einen Wellensittich aus seinem Käfig locken?

a) ☐ Gar nicht. Man muss ihn mit der Hand ergreifen.

b) ☐ Man lockt ihn, beispielsweise mit einem Stück Kolbenhirse.

Wellensittich

Textquiz

1. Was tun zwei Wellensittiche, die verliebt sind?

a) ☐ Sie knabbern sich mit ihrem Schnabel am Kopf.

b) ☐ Sie haken ihre Schnäbel ineinander (schnäbeln).

c) ☐ Sie hacken sich gegenseitig in den Fuß.

---

2. Wie werden Wellensittiche gehalten?

a) ☐ am besten einzeln, da sie auch in freier Natur Einzelgänger sind

b) ☐ zu zweit

c) ☐ in der Gruppe

---

3. Woran erkennt man ein Wellensittichmännchen?

a) ☐ an der blauen Nasenhaut oberhalb des Schnabels

b) ☐ am grünen Gefieder

c) ☐ am braunen Schnabel

---

4. Ist es wichtig, Wellensittiche im Zimmer täglich frei fliegen zu lassen?

a) ☐ Ja, denn in ihrer Heimat Australien fliegen sie viele Hundert Kilometer.

b) ☐ Ja, denn das Fliegen stärkt die Muskulatur und das Wohlbefinden.

c) ☐ Nein, einmal die Woche genügt völlig.

---

5. Spielen und beschäftigen sich Wellensittiche gerne?

a) ☐ Ja, sie schaukeln zum Beispiel gerne.

b) ☐ Ja, sie klingeln zum Beispiel gerne an einem Glöckchen.

c) ☐ Nein, Wellensittiche finden Spielen langweilig.

---

6. Weshalb ist das Nagen an Zweigen wichtig?

a) ☐ um den Schnabel zu verlängern

b) ☐ damit der Schnabel kurz bleibt

c) ☐ um wichtige Mineralien und Vitamine aufzunehmen

---

7. Können Wellensittiche die menschliche Sprache nachahmen?

a) ☐ Ja, aber Menschen müssen viel mit ihnen üben.

b) ☐ Alle Wellensittiche sprechen dem Menschen immer alles nach.

c) ☐ Nein, Wellensittiche haben diese Fähigkeit nicht.

Wellensittich

Bewegungsgeschichte

Text	Bewegungsvorschläge
Viele bunte Wellensittiche sitzen auf ihren Stangen und schlafen. Früh am Morgen wachen sie auf und zwitschern sehr laut. Max schaukelt fröhlich auf einer Schaukel. Lara klettert eine Leiter hoch. Maria klingelt an einem Glöckchen.	*im Stehen einen Arm als Flügel vor das Gesicht halten und einen Fuß heben – Schlafhaltung auflösen, laut zwitschern – Oberkörper vor- und zurückbewegen – Kletterbewegung mit den Beinen – Kopf schütteln und „ring-ring" rufen*
Karla und Jens putzen sich gerade ihr Gefieder. Sie streichen das Fett aus ihrer Bürzeldrüse in ihr Gefieder. Nun ziehen sie jede einzelne Feder durch ihren Schnabel. Jetzt können sie losfliegen. Nach einer Weile landen sie wieder auf einem Ast.	*der Mund berührt mehrmals die Hand, den Arm und die Schulter (Seitenwechsel) – der Mund fährt den einen, dann den anderen Arm entlang (= Fett durch die Federn ziehen) – Arme auf und ab bewegen und umherlaufen – stehenbleiben*
Gerade wird frisches Futter gebracht. Kiki und Otto picken die Samen aus den Körnern. Dann knabbern sie an einem Stück Kohlrabi. Pfui, Kiki schüttelt angewidert den Kopf und spuckt das Gemüsestück wieder aus. Doch Otto schmeckt der Kohlrabi vorzüglich.	*den Kopf mehrmals nach vorne wippen, dabei den Mund bewegen (= fressen) – Kopf schütteln, Spucklaut – den Kopf mehrmals nach vorne wippen, dabei den Mund bewegen*
Seht nur, Max und Maria sind durch die Käfigtür entwischt und fliegen im Zimmer umher. Erst fliegen sie langsam, dann immer schneller. Jetzt landen sie auf dem Kletterbaum und knabbern an einem Zweig.	*Arme ausbreiten und umherlaufen – erst langsam, dann schneller laufen – in die Hocke gehen – Mund öffnen und schließen*
Kiki und Karla sind ein verliebtes Paar. Sie kraulen sich ausgiebig am Köpfchen. Mmh, tut das gut! Dann zwitschern sie zusammen ein wunderschönes Liebeslied.	*paarweise zusammengehen, mit dem Zeigefinger sich gegenseitig über den Kopf fahren – gemeinsam zwitschern oder pfeifen*

Komm, wir spielen!

→ Tierspiele

→ Rollenspiele

Komm, wir spielen!

Tierspiele

1

Schwarmfische schwärmen umher

Spielort: ebene Fläche mit etwas Platz

Teilnehmerzahl: ab 2;
für die Varianten ab 4

Material: keines

Info: *Viele Fischarten bewegen sich einzeln und unabhängig voneinander fort. Manche Fischarten zeigen ein Schwarmverhalten und schwimmen in der Gruppe. Diese sog. Schwarmfische schwimmen meist nahe beieinander in die gleiche Richtung. In freier Natur sind sie dadurch besser vor Feinden geschützt. Die vielen Fische verwirren oft den Angreifer, und der Angriff misslingt. Schwarmfische fühlen sich nur in der Gruppe wohl und sollten nie einzeln gehalten werden.*

So geht's:
Einzeln schwimmende Fische:
Zunächst spielen die Kinder einzeln schwimmende Fische, die sich frei und unabhängig voneinander bewegen. Sie laufen durcheinander, paddeln dabei mit den Händen und weichen den anderen Fischen aus. Nach einer Weile rufen Sie den Kindern zu, wie sie sich bewegen sollen. Hier einige Beispiele:

Die Fische …

- … schwimmen sehr langsam
- … schwimmen besonders schnell
- … biegen immer wieder nach rechts ab
- … biegen immer wieder nach links ab
- … schwimmen im Kreis herum
- … paddeln rückwärts
- … schwimmen rückwärts im Kreis
- … bleiben auf der Stelle stehen
- … schwimmen viele Kurven
- … ändern blitzschnell die Richtung
- … schwimmen am Grund (in gebeugter Haltung laufen)
- … schwimmen mal oben, mal unten (aufrechte und gebeugte Haltung im Wechsel)
- … bewegen sich so, wie sie möchten

Schwarmfische:
Bei diesem Spiel versuchen die Kinder, sich wie echte Schwarmfische zu verhalten. Zwei Kinder stellen sich hintereinander auf. Das vordere Kind gibt die Schwimmrichtung vor, das hintere Kind macht die Bewegungen mit etwas Abstand nach. Je langsamer sich das vordere Kind bewegt, desto einfacher ist es für das hintere Kind. Klappt das Schwarmverhalten auch, wenn die Kinder nebeneinanderstehen, oder mehrere Kinder einen Schwarm bilden? Wenn Sie möchten, können Sie einige Ideen zur Fortbewegung zurufen. Machen Sie die Kinder darauf aufmerksam, dass im Meer viele Hundert Fische nahe beieinander gleiche Bewegungen ausführen können, ohne zusammenzustoßen. Ein kleines Wunder, nicht wahr?

Variante 1:
Mehrere „Schwarmfischgruppen" (2 oder mehrere Kinder) bewegen sich im Raum. Ziel ist es, sich geschickt auszuweichen und trotzdem das Schwarmverhalten in der eigenen Gruppe beizubehalten.

Variante 2:
Kennzeichnen Sie ein oder zwei Verstecke (= Felsspalten) einige Meter entfernt. Etwa ¾ der Kinder spielen umherschwimmende Fische, ¼ der Kinder Fressfeinde (beispielsweise Haie oder Tunfische). Die Feinde schwimmen zwischen den Fischen umher. Nach einer Weile rufen Sie: „Haie (Tunfische) greifen an!" So schnell es geht, flüchten die Fische in die Felsspalten. Welcher Feind schafft es, einen Fisch zu erbeuten?

2

Familienausflug der Buntbarsche

Spielort: ebene Fläche

Teilnehmerzahl: pro Familie 6

Material: pro Familie 4 Decken, Tücher oder große Handtücher (bei Versteckmöglichkeiten beispielsweise im Freien Decken nicht notwendig); für jede Mutter eine Augenbinde (beispielsweise Stirnband oder Schal)

Info: *Der südamerikanische Schmetterlingsbuntbarsch gehört zu den brutpflegenden Fischen, d.h., die Eltern bewachen das Gelege und später die geschlüpften Jungtiere. Entfernt sich ein Fischjunges von der „Familie", wird es von Vater oder Mutter ins Maul eingesaugt, zu den anderen Jungfischen zurückgebracht und dort ausgespuckt.*

Vorbereitung:
Die Kinder bilden 2–4 Buntbarschfamilien. Eine Familie besteht aus Vater, Mutter und 4 Jungfischen. Legen Sie pro Familie 4 Decken um das Spielfeld herum. Bei mehreren Familien ist es sinnvoll, die Familienmitglieder farblich zu kennzeichnen (beispielsweise mit farbigen Wäscheklammern).

So geht's:
Die Mutter jeder Familie bekommt die Augen verbunden, der Vater hält die Hand (= Flosse) der Mutter. Hinter den Eltern schwimmen die Kinder. Nachdem jede Familie eine Weile umhergeschwommen ist, rufen Sie:
„Vier Fischlein sind verschwunden, doch bald werden sie gefunden."

Die 4 Kinder jeder Familie verstecken sich nun unter den Decken. Wenn alle Kinder versteckt sind, geben Sie die Erlaubnis zum Suchen. Die Mutter jeder Familie legt die Augenbinde ab und geht auf Kindersuche, der Vater bleibt stehen. Hat die Mutter eines ihrer Kinder entdeckt, nimmt sie es an der Hand und bringt es zum Vater. Dann geht sie erneut auf Suche. Welche Mutter hat ihre Kinder am schnellsten zum Vater gebracht?

Tipp: *Die versteckten Kinder müssen still sein und dürfen sich nicht ihrer Mutter bemerkbar machen.*

Komm, wir spielen!

Tierspiele

3

Leckerbissen für die Chinchillas

Spielort: überall

Teilnehmerzahl: ab 1

Material: 3 kleine Teller, getrocknete Früchte (beispielsweise Apfelstücke), Rosinen, (Hafer-)Kekse, Augenbinden (beispielsweise Stirnband oder Schal); für Variante 2 verschiedene Gemüsestückchen (beispielsweise Möhren, Paprika, Kohlrabi, Fenchel, Gurke, Tomate, Blaukraut) und Plastikbecher o.Ä. zum Ausspucken

Info: *Da Chinchillas in freier Wildbahn stundenlang mit Futtersuche beschäftigt sind, ist es für sie auch im Käfig eine Abwechslung, wenn das Futter immer mal wieder an anderen Stellen des Käfigs ausgelegt wird. Besondere Leckerbissen für Chinchillas sind getrocknete Früchte, Rosinen und Haferkekse. Mit solchen Leckereien kann man die Tiere gut in den Käfig oder in die Waagschüssel locken. Wegen dem Zuckergehalt dürfen diese Leckerbissen jedoch nur in geringen Mengen verfüttert werden.*

So geht's:
1–3 Kindern, welche Chinchillas spielen, werden die Augen verbunden. Stellen Sie nun einen Teller mit getrockneten Früchten, einen mit Rosinen und einen Teller mit Haferkeksen voneinander entfernt auf den Boden. Auf allen vieren suchen nun die Kinder die Futterteller. Hat ein Kind einen Teller gefunden, darf es sich ein Futterstückchen nehmen und essen. Möchte es gleich einen weiteren Teller suchen, lässt es beim Essen die Augenbinde auf.

Variante 1:
Legen Sie die „Futterstücke" des vorherigen Spiels auf einen Teller. Die Chinchilla mag am allerliebsten Rosinen, am zweitliebsten getrocknete Früchte und am drittliebsten einen Keks. Mit geschlossenen Augen zieht ein Kind 3 „Futterstücke". Für das Ziehen einer Rosine erhält es 3 Punkte, für das Apfelstück 2 Punkte und für den Keks einen Punkt. Sieger ist, wer die meisten Punkte erreicht hat.

Variante 2:
Hinsichtlich Frischkost unterscheiden sich die Geschmäcker der Chinchillas. Neues Futter testen sie mit einem sog. Probebiss. Was ihnen nicht schmeckt, spucken sie wieder aus. Legen Sie verschiedene Gemüsestückchen (siehe Info) auf einen Teller. Die Kinder probieren nacheinander das Gemüse. Schmeckt das Gemüse gut, seltsam oder sogar „eklig"? Für letztgenannten Fall dürfen die Kinder das „eklige Stück" ausspucken, eben so wie die echten Chinchillas! Vielleicht werden einige Kinder nach dem Spiel sogar zum „Rohkost-Fan"?

Komm, wir spielen!

Tierspiele

4

Wie Chinchillas sprechen

Spielort: ebene Fläche

Teilnehmerzahl: ab 3, Variante ab 8

Material: Augenbinden (beispielsweise Stirnband oder Schal)

Info: *Chinchillas verständigen sich mit vielen verschiedenen Lauten. Hier einige wichtige Laute:*

Name	Art des Lautes	Bedeutung
Positionslaut	leise, helle Töne	*„Hier bin ich."*
Lockruf	leise, gluckernde Töne	*„Ich habe etwas Tolles entdeckt."*
Abwehrlaut	quäkende Töne	*„Du störst mich, gehe bitte weg!"*
Alarmruf	laute, schrille Töne	*„Achtung, es droht Gefahr!"*

So geht's:
Durch den Positionslaut zeigt eine Chinchilla den Artgenossen, wo sie sich gerade befindet. Ein Kind spielt die Chinchilla, die den Positionslaut von sich gibt, die anderen Kinder spielen die Artgenossen. Den Artgenossen werden die Augen verbunden, die lautäußernde Chinchilla entfernt sich einige Meter und gibt leise und helle Töne von sich. Welches Tier schafft es als Erstes, bei der rufenden Chinchilla zu sein?

Variante:
Die Kinder bilden 3 oder 4 Paare. Legen Sie fest, welches Paar welchen Laut (siehe Tabelle) äußert. Alle Kinder üben mehrmals ihren Laut. Der Positionslaut könnte beispielsweise als leises und helles „piep, piep" geäußert werden, der Lockruf als leises „gluck, gluck", der Abwehrlaut als lautes „quäk, quäk" und der Alarmruf als lautes und schrilles „hi, hi". Allen Kindern werden nun die Augen verbunden, und sie stellen sich mit Ihrer Hilfe einige Meter voneinander entfernt auf. Nun tönen alle Kinder den vereinbarten Laut und versuchen, ihren Partner zu finden. Welches Paar schafft es am schnellsten?

Tipp: *Spielen 12 (16) Kinder mit, so erhalten 3 (4) Kinder den gleichen Laut und versuchen, sich zu finden.*

Komm, wir spielen!

Tierspiele

5

Die Bartagame stürzt aufs Beutetier

Spielort: ebene Fläche

Teilnehmerzahl: ab 4

Material: keines

Info: *Bartagamen fressen Gemüse, Salat und Obst, aber auch lebende Tiere, wie Heuschrecken, Grillen, Schaben und Fliegen. Um ein Beutetier zu fangen, fährt die Bartagame ihre fleischige, leicht klebrige Zunge aus, an der das Insekt hängen bleibt. Ist das Beutetier etwas entfernt, stürzt sich die Bartagame auch manchmal auf das Tier. Um eine Fliege zu fangen, müssen sich die Echsen mehr anstrengen als beispielsweise bei einer Schabe.*

So geht's:
Ein Kind spielt eine Fliege, 3 bis 6 weitere Kinder spielen sich sonnende Bartagamen. Letztgenannte stellen oder legen sich in einen größeren Kreis mit Zwischenräumen, die Fliege stellt sich in die Mitte. Eine Bartagame ist besonders hungrig und wird vor Spielbeginn (ohne dass es die Fliege mitbekommt) zum Angreifer bestimmt. Die Fliege fliegt im Kreis umher. Nach einer Weile rufen Sie: „Die Bartagame stürzt sich aufs Beutetier!" Daraufhin stürzt sich die vorher bestimmte Bartagame auf die Fliege, welche natürlich flüchtet. Wie lange dauert es, bis die Fliege gefangen wird?

Variante:
Eine hungrige Bartagame liegt in der Mitte des Kreises. Um sie herum hüpfen Heuschrecken. Nachdem Sie obigen Satz gerufen haben, versucht die Bartagame, eine der Heuschrecken zu fangen. Es können auch mehrere Kinder Bartagamen spielen.

6

Bissige Revierkämpfe

Spielort: überall

Teilnehmerzahl: ab 2

Material: 1 Wäscheklammer pro Kind

Info: *Begegnen sich zwei Männchen und macht keiner eine Demutsgeste (Körper flach machen, mit dem Vorderbein kreisen, langsam mit dem Kopf nicken), kommt es zum Kampf. Die Männchen umkreisen sich, nähern sich von der Seite und versuchen, sich zu beißen. Bei solchen Kämpfen kann es durchaus vorkommen, dass ein Männchen dem anderen ein Stück Schwanz abbeißt. Der Stärkere klettert auf den Schwächeren und bleibt eine Weile „als Sieger" auf diesem liegen.*

So geht's:
Jedem Kind wird eine Wäscheklammer als Schwanz ans Oberteil (unten) gehängt. Die Kinder bilden „gleich starke" Paare und begeben sich in den Vierfüßlerstand. Nach dem Startzeichen versuchen die kämpfenden Männchen, sich gegenseitig in den Schwanz zu beißen, also die Wäscheklammer des anderen abzunehmen. Schafft es ein Männchen, so ist es der Sieger. Für die Kinder, die es nicht schaffen, eine Klammer zu erbeuten, rufen Sie nach einer Weile: „Eines der Männchen gibt auf und macht eine Demutsgeste." Eines der Kinder macht nun die Demutsgeste (siehe Info), das andere legt sich „als Sieger" darauf. Anschließend werden die Rollen getauscht.

Tipp:
Ist es für die Kinder sehr einfach, eine Klammer zu erwischen, können auch mehrere Wäscheklammern ans Oberteil befestigt werden, die dann erbeutet werden.

Komm, wir spielen!

7

Wer schnappt sich die Maus?

Spielort: überall, wo es ein wenig „dreckig“ werden darf; am besten direkt im Sandkasten

Teilnehmerzahl: ab 2

Material: je Spielerpaar ein Gefäß (beispielsweise Plastikschüssel) und einen Gegenstand als „Maus“ passend zur Größe der Schüssel (beispielsweise Gummimäuse, Murmeln, Edelsteine); Sand oder Erde

***Info:** Frettchen gehören zur Familie der Marderartigen und stammen vom Iltis ab. Auf der Jagd nach Mäusen öffnet der Iltis deren Baue. Dies tun auch Frettchen gern, wenn man mit ihnen draußen spazieren geht. Der Jagd- und Beutetrieb ist beim Frettchen genauso stark entwickelt wie beim Iltis.*

Erzählen Sie:
Die beiden Frettchen Freddy und Frieda werden gerade an der Leine spazieren geführt. Freddy schnüffelt neugierig an einem Mäuseloch. Eifrig fängt er das Graben an. Wird Freddy eine Maus finden?

So geht's:
Je zwei Kinder füllen sich gemeinsam eine Schüssel mit Sand oder Erde. Ein Kind versteckt die „Maus“ im Gefäß, das andere versucht mit geschlossenen Augen, die „Maus“ mit den Händen zu erfühlen. Rollentausch!

Variante:
Freddy und Frieda treten gegeneinander an. Verstecken Sie die „Maus“ in der Schüssel. Die beiden Kinder graben um die Wette. Sieger ist, wer die Maus zuerst erfühlt hat.

8

Schaukeln in der Hängematte

Spielort: überall

Teilnehmerzahl: 5 pro „Hängematte“

Material: Decke oder Bettüberzug

So geht's:
Frettchen lieben es, in einer „Hängematte“ zu schaukeln oder zu dösen. Ein Kind legt sich als Frettchen auf eine Decke. 4 Kinder stehen jeweils an den vier Ecken und heben die Decke an den Ecken hoch. Das „Frettchen“ wird nun einige Male hin und her geschaukelt. Es kann verschiedene Stellungen ausprobieren, wie beispielsweise:

- auf dem Rücken liegen (Beine gestreckt oder angezogen)
- auf dem Bauch liegen
- auf dem Po sitzen
- auf den Unterschenkeln sitzen
- seitlich eingerollt
- zusammengekauert mit dem Rücken nach oben

In welcher Stellung macht das Schaukeln am meisten Spaß?

Komm, wir spielen!

Tierspiele

9

Hamster hamstern

Spielort: am besten auf einem Tisch

Teilnehmerzahl: ab 1

Material: pro Spieler 2 Teller und 4–6 Weintrauben, für die Variante Papiertaschentücher

Info: *Damit ein Hamster das ganze Jahr ausreichend zu fressen hat, schleppt er Futter in seine unterirdische Vorratskammer. Auch polstert er gerne seine Wohnkammer mit weichem Pflanzenmaterial aus. Auch als Haustiere gehaltene Hamster hamstern gerne und polstern ihr Schlafhäuschen aus. Legt man dem Hamster einige Papiertaschentücher in den Käfig, so dauert es nicht lange, bis er sie in seine Backentaschen stopft und in seinen „Bau" schleppt.*

So geht's:
In diesem Spiel schlüpfen die Kinder in die Rolle des hamsternden Hamsters. Jedes Kind hat einen Teller mit Weintrauben vor sich. Die Kinder nehmen eine Weintraube mit dem Mund auf und lagern diese in einer Seite des Mundes (= Hamsterbacke). Dann nehmen sie eine zweite und schieben sie in die andere Seite des Mundes. Falls noch Platz in den „Hamsterbacken" ist, können die Kinder zwei weitere Trauben in den Mund nehmen und in die Backen schieben. Sind die Weintrauben eher klein, könnte noch eine dritte in jede Backe passen. Hat der „Hamster" seine Backen gut gefüllt, läuft er um den Tisch herum und lässt die Weintrauben auf einen leeren Teller (= Vorratskammer) gleiten.

Bei diesem Spiel geht es nicht darum, möglichst viele Trauben in die Backen zu stopfen, sondern zu spüren, wie es sich anfühlt, etwas in den Backen zu transportieren. Machen Sie aus diesem Spiel keinen Wettkampf, da sich in der Hektik vielleicht ein Kind verschlucken könnte.

Variante:
Bei diesem Spiel polstert der Hamster sein Schlafhäuschen mit Polstermaterial (Papiertaschentücher) aus. Auf einem Teller liegen mehrere Papiertaschentücher. Der Hamster klemmt ein Taschentuch zwischen die Lippen, geht um den Tisch herum und lässt es auf einen Teller (= Schlafhäuschen) fallen.
Dann holt er sich erneut ein Taschentuch. Wer möchte, kann dieses Spiel als Wettkampf durchführen. Welcher Hamster schafft es am schnellsten, die Taschentücher (etwa 6–10 Stück) ins „Schlafhäuschen" zu befördern?

Komm, wir spielen!

10

Lieber Hamster, riech doch mal!

Spielort: überall

Teilnehmerzahl: ab 1

Material: mundgerecht geschnittene Obststücke (beispielsweise Apfel, Banane, Birne, Himbeeren, Erdbeeren, Pfirsich, Ananas, Kiwi, Mango, Weintrauben, Wassermelone, Honigmelone, Papaya), für jede Obstsorte einen Teller, Augenbinden (beispielsweise Stirnband oder Schal), pro Spieler einen Zahnstocher

***Info:** Von allen Sinnen ist der Geruchssinn beim Hamster am besten ausgeprägt. Die Gerüche von Futter und anderen Dingen nehmen Hamster mit den Riechzellen der Nase war. Durch Gerüche, welche über den Urin, den Kot oder von besonderen Drüsen abgegeben werden, können sich Hamster Mitteilungen zukommen lassen, beispielsweise über ihr Geschlecht und die Paarungsbereitschaft.*

So geht's:
Schneiden Sie oder die Kinder 4–6 Obstsorten in kleine, mundgerechte Stückchen. Jede Obstsorte kommt auf einen eigenen Teller. Einem Kind, das den Hamster spielt, werden die Augen verbunden. Nun halten Sie dem Hamster einen der Obstteller unter die Nase. Wie riecht das Obst? Gut, nicht so gut oder vielleicht auch nach gar nichts? Nachdem der Hamster ausführlich an jedem Obstteller geschnuppert hat, entscheidet er sich, welcher Obstteller am besten gerochen hat. Dabei verrät niemand, um welches Obst es sich handelt. Nun darf die Augenbinde abgenommen werden.

Der Hamster schaut sich die Obstteller an und wählt mit einem Zahnstocher ein Stück Obst aus, welches ihm vom Aussehen am besten gefällt. Hat der Hamster die Obstsorte gewählt, welche auch am besten für ihn gerochen hat? Schmeckt das Obststück auch wirklich so gut, wie es aussieht?
Oder schmeckt das Obststück am besten, das so gut gerochen hat? Machen Sie den Kindern deutlich, dass echte Hamster ihr Futter nach dem Geruch auswählen, wir Menschen dagegen hauptsächlich nach dem Aussehen.

***Tipp:** Besonders interessant ist das Spiel, wenn Sie statt den bekannten Obstsorten wie Apfel, Birne, Banane eher unbekanntere Sorten wie Mango, Kiwi und Melone wählen. Am Ende des Spiels können die Kinder mit etwas Zitronensaft, Honig oder Ahornsirup und etwas Sahne einen Obstsalat zubereiten und gemeinsam verspeisen.*

Komm, wir spielen!

Tierspiele

11

Such das Futter, Bello!

Spielort: ebene Fläche

Teilnehmerzahl: ab 2

Material: pro Paar ein Seil und eine Augenbinde (beispielsweise Stirnband oder Schal), echtes Futter auf mehreren Tellern (beispielsweise Karottenstückchen); für Variante 2 geschlossene Filzstifte; für Variante 1, 3 und 4 schmale Holzbausteine oder leere Klorollen

Info: *Wenn sich Hunde viel langweilen, weil sie beispielsweise viele Stunden am Tag allein zu Hause gelassen werden, kann es passieren, dass sie „Blödsinn" anstellen. Sie leeren beispielsweise Müllsäcke aus oder holen sich Essen vom Tisch. Hundeexperten empfehlen in solchen Fällen, dass sich der Besitzer am besten täglich gezielt mit seinem Hund beschäftigen soll. Durch interessante Spiele wird der Hund körperlich und geistig gefordert und das „Blödsinnmachen" hört in der Regel auf. Ein Spielangebot für den Hund ist beispielsweise, dass der Besitzer viele Karottenstückchen (keine dick machende Wurst!) im Garten auslegt, welche dann der Hund aufspürt und frisst.*

So geht's:
Die Kinder gehen paarweise zusammen, ein Kind spielt den Besitzer, das andere den Hund. Dem Hund wird ein Seil als Leine um beide Achseln (nicht Hals!) geknotet. Alle Besitzer führen ihren Hund an der Leine eine kleine Runde spazieren. Nun werden einem Hund die Augen verbunden, da die echten Hunde ihr Fressen hauptsächlich nach dem Geruch finden. Legen Sie nun 4–8 kleine Teller mit Karottenstückchen in wenigen Metern Abstand aus. Nach dem Startzeichen versucht der Hund, das Futter aufzuspüren. Ist er an einem Teller angelangt, so beugt er den Kopf, nimmt ein Karottenstückchen in den Mund und isst es. Der Besitzer kann dem Hund durch leichtes Ziehen am Seil helfen, in die richtige Richtung zu gehen.

Variante 1:
Legen Sie oder die Kinder um jeden Karottenteller kreisförmig einige schmale Holzbausteine oder leere Klorollen aus. Der Spielablauf erfolgt wie oben. Bevor der Hund das Karottenstückchen vom Teller fressen darf, muss er zuerst mit der Nase oder der „Pfote" die Holzbausteine (Klorollen) umschmeißen.

Variante 2:
Das Spiel wird als Wettkampf durchgeführt. Verteilen Sie hierzu einige geschlossene dünne Filzstifte als Futterstücke auf dem Boden. Nach dem Startzeichen versucht jeder Besitzer durch Ziehen an der Leine, seinen Hund möglichst schnell zu einem Futterstück zu locken. Ist der Hund in unmittelbarer Nähe angelangt, ruft der Besitzer „Nimm" oder „Fass". Der Hund tastet mit dem Mund nach dem Filzstift und nimmt ihn mit den Lippen auf. Das „Herrchen" nimmt den Stift an sich, und die Suche geht weiter. Welcher Hund entdeckt die meisten Futterstücke?

Komm, wir spielen!

Variante 3:
Legen Sie einen kurvigen Weg aus Holzbausteinen oder leeren Klorollen. Zwischen den Holzbausteinen bzw. den Klorollen kann etwas Abstand sein. Nachdem dem Hund die Augen verbunden wurden, führt der Besitzer diesen an der Leine (Seil) den „Spazierweg" entlang. Ziel ist es, den Weg zu laufen, ohne die seitlich liegenden Holzbausteine (Klorollen) zu berühren bzw. umzuwerfen. Der Besitzer versucht durch leichtes Ziehen am Seil, den Hund zu führen. Wer möchte, kann am Ende des Weges einen Teller mit einem Leckerbissen (beispielsweise ein Stück Müsliriegel) als Belohnung auslegen.

Variante 4:
Nachdem sich der Hund den Verlauf des „Spazierweges" bei Variante 3 eingeprägt hat, läuft er ihn ohne Leine entlang. Sieger ist, wer keine oder nur wenige Bausteine (Klorollen) umschmeißt.

Tipp: *Wählen Sie die Breite des Spazierweges in Variante 3 und 4 so, dass das Durchlaufen weder zu einfach noch zu schwierig ist.*

12

Hunde spielen Fußball

Spielort: ebene Fläche mit etwas Platz

Teilnehmerzahl: ab 1, für Variante 4 ab 2

Material: größerer Ball (etwa Fußballgröße)

Info: *Wussten Sie, dass Hunde auch Fußball spielen? Im Hundesport nennt sich dieses Spiel „Treibball" (zu sehen im Internet unter www.youtube.com, Stichpunkt „Treibball Hund"). Dabei steht der Hund auf einer Seite des Balles, stupst mit dem Kopf den Ball an und rennt sogleich zur anderen Ballseite und schiebt den Ball wieder ein Stückchen schräg nach vorn. Dies führt der Hund so lange aus, bis der Ball in einem großen Tor landet.*

So geht's:
Kennzeichnen Sie mit Gegenständen ein Tor. Zunächst übt jedes Kind für sich. Es geht in den Vierfüßlerstand, der Ball liegt vor ihm. Nun schiebt es mit der linken Kopfseite den Ball ein Stückchen nach vorn links, dann läuft es zur linken Seite des Balls und stupst mit der rechten Kopfseite den Ball nach vorn rechts usw. Ziel ist es, den Ball möglichst schnell ins Tor zu befördern.

Variante 1:
Die Kinder schieben den Ball mit den Knien an.

Variante 2:
Die Kinder bewegen im Sitzen den Ball mit den Füßen.

Variante 3:
Die Kinder dürfen die Hände benutzen.

Variante 4:
Zwei Kinder spielen gegeneinander mit zwei sich gegenüberliegenden Toren. Ob sie den Kopf wie die Hunde beim Treibball benutzen oder andere Körperteile, wie in den Varianten, dürfen die Kinder selbst entscheiden.
Es können auch mehrere Kinder gegeneinander antreten, dies gefällt vor allem älteren Kindern.

13

Mit den Hinterbeinen trommeln

Spielort: ebene Fläche mit etwas Platz

Teilnehmerzahl: ab 1, Variante ab 4

Material: Musik

Info: *Fressfeinde von Kaninchen sind Greifvögel, Eulen, Füchse, Marder, Wiesel und Iltisse. Bei Gefahr trommelt das Kaninchen mit den Hinterbeinen auf den Boden, um die anderen Kaninchen zu warnen. Dann rennt es möglichst schnell in seinen Bau.*

So geht's:
Schalten Sie Musik ein, zu der die Kinder im Stehen oder auf dem Boden umherhoppeln. Nach einer Weile schalten Sie die Musik aus und rufen den Kindern zu, was die Kaninchen jetzt tun. Nach jedem Zuruf schalten Sie die Musik ein, und die Kinder hoppeln wieder umher. Hier einige Anregungen:

Zuruf	Bewegungen
Die Kaninchen …	
… wackeln mit den Ohren	*Arme über dem Kopf hin- und herschwingen*
… machen Männchen (wittern)	*Hände vor die Brust halten, neugierig umherschauen, dabei die Nase bewegen*
… mümmeln (fressen) eine Karotte	*Mund in alle Richtungen bewegen*
… springen vor Freude in die Luft	*in die Luft springen*
… buddeln in der Erde	*im Fersensitz mit den Händen „graben"*

Komm, wir spielen!

Tierspiele

… schlagen Haken	*laufen, dabei immer wieder die Richtung ändern*
… trommeln mit den Hinterbeinen	*Hände auf den Boden, dabei mit Füßen im Wechsel „trommeln“*
… wälzen sich fröhlich am Boden	*auf den Rücken legen und sich wälzen*

Variante:
Ein oder mehrere Kinder spielen Greifvögel, welche sich etwas entfernt in einem „Versteck“ aufhalten. Ein weiteres Kind spielt den Kaninchenchef, der die anderen vor Gefahren warnt; alle anderen Kinder spielen Kaninchen. Der Ablauf des Spiels ist wie oben. Sobald Sie den Kindern „Der Kaninchenchef trommelt mit den Hinterbeinen“ zurufen, trommelt dieser mit den Füßen auf den Boden. Die Greifvögel fliegen nun aus ihrem Versteck und versuchen, die Kaninchen zu fangen. Wer möchte, kann einen Ort als Kaninchenbau festlegen, in den die Kaninchen flüchten können.

14

Lesestoff für die Kaninchen

Spielort: überall, wo es windstill ist

Teilnehmerzahl: ab 4

Material: unbedrucktes weißes Papier (DIN A4), Uhr mit Sekundenzeiger; für die Varianten eine Schüssel pro Mannschaft

Info: *Kaninchen knabbern leidenschaftlich gern an Papier. Gibt man Kaninchen beispielsweise ein altes Telefonbuch, so blättern sie meist etwas darin, dann zerlegen sie die Seiten in viele Schnipsel. Die Buchdruckerschwärze ist für die Tiere ungiftig, Ausdrucke aus dem Computer darf man ihnen nicht geben.*

So geht’s:
Zunächst schlüpfen die Kinder in die Rolle von „echten Kaninchen“ und versuchen, mit ihren Zähnen das Papier zu zerreißen. Anschließend reißen die Kinder das Papier mit den Händen in Schnipsel, was natürlich viel schneller geht. Die Kaninchen sind mit den Zähnen geschickter, wir Menschen dafür mit den Händen.
Nun bilden die Kinder zwei oder mehrere Mannschaften mit jeweils 2–4 Kindern, welche sich gegenübersitzen. Vor jedem Kind liegen drei DIN-A4-Papiere. Nach dem Startzeichen zerreißen die Kinder die Papiere in möglichst viele Schnipsel. Nach 30–60 Sekunden rufen Sie „Stopp“. Nun werden die Schnipsel jeder Mannschaft gezählt. Welche Kinder waren die eifrigsten Kaninchen?

Komm, wir spielen!

Tierspiele

Variante 1:
Die Schnipsel, welche echte Kaninchen zerrissen haben, müssen von dem(n) Kaninchenbesitzer(n) aufgeräumt werden. Die Kinder einer Mannschaft spielen Kaninchen, die Kinder der anderen Mannschaft die Kaninchenbesitzer. Nach dem Startzeichen zerreißen die Kaninchen so schnell wie möglich das Papier zu Schnipseln, die Kaninchenbesitzer legen so schnell es geht die Schnipsel in die leere Schüssel. Nachdem Sie „Stopp“ gerufen haben, kann man sogleich erkennen, wer schneller war. Liegen noch Schnipsel am Boden, haben die Kaninchen gewonnen, sind alle Schnipsel in der Schüssel, gewinnen die Kaninchenbesitzer.

Variante 2:
Bei dieser Variante versuchen die Kinder, die Schnipsel mit den nackten Zehen zu ergreifen und in die Schüssel zu befördern. Fällt den Kindern das Ergreifen eines Schnipsels schwer, so können die Schnipsel zu Papierkugeln geknüllt werden.

15

Die Katze fängt einen Fisch

Spielort: überall, wo es nass werden darf

Teilnehmerzahl: ab 1, für Variante 3 ab 4

Material: für jeden Teilnehmer eine mit Wasser gefüllte Schüssel; 1–4 Korken pro Schüssel; für Variante 3 zwei wasserfeste Filzstifte (Marker) in unterschiedlichen Farben

Info: *Manche Katzen werfen mit ihrer Vorderpfote ein Spielzeug über ihren Kopf nach hinten. Anschließend drehen sie sich schnell um und ergreifen das Spielzeug mit dem Maul. Wissenschaftler fanden heraus, dass dieses Spiel genau dem Bewegungsablauf entspricht, mit dem eine Katze Fische fängt. Die Katze lauert am Teich, fährt dann mit ihrer Pfote blitzschnell unter einen am Ufer schwimmenden Fisch und schleudert ihn hinter sich. Sogleich dreht sie sich um und springt den im Gras zappelnden Fisch an.*

So geht's:
Füllen Sie eine Schüssel mit Wasser, und legen Sie 1–4 Korken als Fische hinein. Die Schüssel steht auf einem Tisch, einem Stuhl oder auf dem Boden. Ein Kind schlüpft in die Rolle der Katze und spielt das Fangen eines Fisches nach. Hierfür bringt es die Finger einer Hand unter einen Korken und schleudert diesen hinter sich ins Freie. Dann dreht sich die Katze blitzschnell um und rennt so schnell sie kann zum Fisch. Welche Katze kann ihren Fisch am weitesten schleudern?

Variante 1:
Die Katze versucht, ihren Fisch besonders hoch zu schleudern.

Variante 2:
Die Kinder schleudern zwei oder drei Korken gleichzeitig aus der Wasserschüssel.

Variante 3:
Zwei Kinder bilden eine Mannschaft und treten gegen zwei weitere Kinder an. Jedes Paar (Mannschaft) erhält 5–8 Korken, die es mit einem wasserfesten Filzstift (Marker) mit der gleichen Farbe bemalt. Ein Paar malt seine Korken beispielsweise rot an, das andere beispielsweise gelb. Jedes Paar legt seine Korken in eine Wasserschüssel. Ein Kind jeder Mannschaft spielt die Katze, die Fische fängt, die anderen beiden Kinder die „Einsammler". Nach dem Startzeichen schleudern die zwei Katzen die Korken gleichzeitig oder nacheinander ins Freie. Aufgabe der anderen beiden Kinder ist es, möglichst schnell die Korken der gegnerischen Mannschaft einzusammeln und zur Schüssel zurückzubringen. Wer ist am schnellsten? Die Katze einer Mannschaft versucht natürlich, die Korken sehr weit wegzuschleudern, damit der „Einsammler" der gegnerischen Mannschaft möglichst lange braucht, sie wieder zurückzubringen.

16

100 Katzenstellungen

Spielort: überall

Teilnehmerzahl: ab 5

Material: Decke oder großes Tuch

Info: *Mich fasziniert es immer wieder, wie viele unterschiedliche Haltungen unsere beiden Katzen tagtäglich einnehmen. Während sie schlafen oder ruhen, liegen sie mal auf dem Bauch, mal seitlich oder drehen sich auf den Rücken. Auch die Beine und Pfoten nehmen unterschiedliche Positionen ein. Manchmal sind sie weit von sich gestreckt, ein anderes Mal angezogen oder unter dem Körper versteckt. Besonders putzig sieht es aus, wenn die Katzen ab und zu während dem Schlafen ihre Pfoten über die Augen legen.*

So geht's:
Zunächst probieren Sie gemeinsam mit den Kindern, welche Stellungen eine Katze einnehmen kann. Hier einige Beispiele:

Bauchlage (Fersensitz):
- Unterarme vor den Knien aufgesetzt
- ein Arm nach vorne gestreckt, der andere angewinkelt
- Kopf liegt seitlich auf dem Boden, Arme zwischen Brust und Oberschenkel eingeklemmt

Seitenlage:
- beide Beine angezogen, Hände als Pfoten vor der Brust
- Arme und Beine in Blickrichtung vor sich gestreckt
- in eingerollter Position oberen Arm Richtung Kopf und oberes Bein Richtung Fuß gestreckt

Komm, wir spielen!

Tierspiele

Rückenlage:
- Beine zum Bauch herangezogen, Hände als Pfoten vor die Brust
- Beine zum Bauch herangezogen, Arme über den Kopf gestreckt
- rechtes Bein nach unten und linken Arm nach oben ausgestreckt, linkes Bein und rechten Arm angewinkelt

Stellungen, in denen sich Katzen gerne dehnen und strecken:
- im Vierfüßlerstand Rücken nach oben runden (Katzenbuckel)
- im Vierfüßlerstand ein Bein nach hinten strecken (Seitenwechsel)
- im Fersensitz Arme weit nach vorne strecken (Handflächen auf dem Boden aufgelegt), um den Rücken zu dehnen
- in Rückenlage Beine und Arme mit gespreizten Fingern weit von sich strecken
- gähnen: Mund weit aufreißen, kurz halten, Mund wieder schließen

Wählen Sie nun etwa sechs Stellungen aus den oben angeführten Beispielen aus, und üben Sie diese noch einmal kurz mit den Kindern. Bestimmen Sie zwei Kinder, die eine Decke als Vorhang halten. Ein Kind, das die Katze spielt, begibt sich auf die eine Seite der Decke, die anderen Kinder (Ratekinder) auf die andere Seite. Nun sprechen Sie mit den Kindern den Spruch: „Kätzchen, ich schaue dir nicht zu, aber ich mache es wie du.“ Nun nehmen die Katze und die Ratekinder eine der sechs Stellungen ein. Nun wird der „Vorhang“ heruntergelassen. Wer hat die gleiche Stellung wie die Katze eingenommen? Jedes Kind erhält für die richtig eingenommene Stellung einen Punkt.

Tipp: *Je älter die Kinder sind und/oder je mehr Kinder raten, desto mehr Stellungen können zur Auswahl stehen. Bei jüngeren Kindern reichen auch drei oder vier Stellungen.*

17

Schildkröten in Winterruhe

Spielort: überall

Teilnehmerzahl: ab 2

Material: pro Teilnehmer: eine Zitrone, 8 Streichhölzer und einen wasserfesten Filzstift (Marker); herabgefallenes Laub, größerer Karton

Info: *Fast alle Landschildkröten halten eine mehrere Monate dauernde Winterruhe. Werden die Tage im Herbst kürzer, stellen die Tiere die Futteraufnahme ein, entleeren ihren Darm und graben sich in die Erde. Hausschildkröten überwintern im Kühlschrank oder in einer Überwinterungskiste.*

So geht’s:
Zunächst fertigt jedes Kind zwei Schildkröten an. Dazu halbieren die Kinder eine Zitrone und stecken vier Streichhölzer als Beine hinein. Anschließend malen sie Augen, Nase, Mund und einige Hornschildplatten auf die Zitrone. Jedes Kind verwendet eine andere Farbe, damit die Kinder später „ihre“ Schildkröten wiederfinden. Wer möchte, kann den Schildkröten auch Namen geben. Nun legen die Kinder herabgefallenes Laub in einen größeren Karton. Die gebastelten Schildkröten werden nun in die „Überwinterungskiste“ gelegt. Mit geschlossenen Augen tasten die Kinder in der Kiste nach den Schildkröten. Hat ein Kind eine Schildkröte ertastet, holt es sie heraus. Ist die Schildkröte nicht vom Kind selbst gefertigt, wird sie wieder in die Kiste zurückgelegt, und die Suche geht weiter.

Tipp: *Größe der Kiste sowie Anzahl der Schildkröten sollten so gewählt werden, dass die Suche weder zu leicht noch zu schwer ist.*

Komm, wir spielen!

Tierspiele

18

Kleeblattzupfen, das macht Spaß!

Spielort: überall

Teilnehmerzahl: ab 2

Material: für jedes Kind einen Teller, Kleeblätter; für die Variante zusätzlich 3 beliebige Gegenstände, 2 Decken, 2 Seile, eine kleine Wasserschüssel, ein großes Handtuch

Info: *Da Schildkröten keine Zähne haben, reißen sie mit ihren scharfkantigen Hornschneiden ihre Nahrung ab und zerkleinern diese. Laufen Schildkröten im Garten umher, fressen viele von ihnen besonders gerne Klee.*

So geht's:
Die Kinder pflücken im Garten Kleeblätter. Nun nehmen sie ein Kleeblatt zwischen die Lippen und zupfen mit aufeinandergepressten Lippen (= Hornschneiden) ein Blatt vom Stängel. Anschließend ergreifen sie mit den Fingern das Kleeblatt von den Lippen und legen es auf einen Teller. Wer schafft es, in einer bestimmten Zeit (etwa zwei Minuten) die meisten Kleeblätter abzuzupfen?

Variante:
Wer ist die schnellste Schildkröte?

Info: *Bei idealer Außentemperatur (etwa 25–30 Grad) können Schildkröten nach ausreichender Erwärmung enorme Energie entwickeln. Sie laufen beispielsweise kraftvoll und zügig durchs Gras, überwinden Gegenstände wie größere Steine oder versuchen, sich unter einem Zaun hindurchzuzwängen. Das Außengehege sollte deshalb immer „ausbruchsicher" sein, d.h. die Umzäunung muss hoch genug und ein gutes Stück in der Erde verankert sein, damit sich die Schildkröte nicht durchgraben kann.*

In diesem Spiel krabbeln die Kinder als Schildkröten auf allen vieren durch einen Parcours. Wer möchte, kann die Zeit stoppen, wie lange die Schildkröten brauchen. Vor allem ältere Kinder möchten oft gerne wissen, wer nun die „allerschnellste Schildkröte" gewesen ist. Zwischen den einzelnen Stationen etwas Abstand lassen!

Parcoursaufbau	Aufgabe
drei beliebige Gegenstände als Hindernisse, wie beispielsweise große Baumstämme, in etwas Abstand in einer Linie hintereinanderlegen.	*im Slalom um die Hindernisse laufen*
zwei Decken (= großer Stein) möglichst hoch übereinanderstapeln	*über „Steine" klettern*
zwei sich gegenüberstehende Kinder halten zwei Seile (= jeweils ein Zaun) über dem Boden	*über den „Zaun" krabbeln – unter dem „Zaun" sich durchzwängen bzw. durchgraben*
eine Wasserschüssel auf den Boden stellen	*einen Schluck Wasser trinken*
Teller mit Kleeblattstängel auf den Boden stellen	*wie im oberen Spiel drei Blätter vom Stängel abzupfen*
ein großes Handtuch (= Schlafhäuschen) auslegen	*sich das Handtuch über den Kopf ziehen (= Ziel)*

Komm, wir spielen!

Tierspiele

19

Wo hat sich Mara versteckt?

Spielort: überall

Teilnehmerzahl: 9 (= 3 Häuschen), 12 (= 4 Häuschen) oder 15 (= 5 Häuschen)

Material: bei 9 Teilnehmer 3 Decken (Tücher oder große Handtücher); bei 12 Teilnehmer 4 Decken; bei 15 Teilnehmer 5 Decken

Info: *Meerschweinchen „unterhalten" sich viel untereinander und teilen den Artgenossen durch Laute mit, was sie fühlen oder was sie möchten. Das Meerschweinchen* ***quiekt*** *mit einem langen durchdringenden Pfeifton, wenn es beispielsweise um Futter bettelt, oder es* ***quietscht*** *(lauter langgezogener Schrei), wenn es Angst oder Schmerzen hat. Es* ***purrt*** *(tiefer Laut), wenn es droht oder balzt, oder es* ***gähnt****, wenn es bei einem Kampf verloren hat.*

So geht's:
Zunächst üben Sie mit den Kindern die unterschiedlichen Laute (siehe Info), bis sie jedem vertraut sind. Dann teilen Sie die Kinder auf: Ein Drittel der Kinder spielen Meerschweinchen, ein weiteres Drittel stellen jeweils ein Schlafhäuschen dar, das restliche Drittel sind Ratekinder. Alle Schlafhäuschen legen sich in etwas Abstand zueinander auf den Rücken, stellen die Beine an und legen eine Decke über die Beine. Während die Ratekinder wegschauen, verteilen sich die Meerschweinchen auf die Schlafhäuschen und schlüpfen unter die Decke.

Nun geht jedes Ratekind zu einem Häuschen, zupft an der Decke und sagt: „Meerschweinchen, quiek einmal." Nachdem das Meerschweinchen gequiekt hat, wird es aufgefordert, zu quietschen, zu purren und zu gähnen. Nun überlegt das Ratekind, welches Kind als Meerschweinchen im Häuschen liegen könnte. Dann flüstert es dem liegenden Kind, das das Häuschen darstellt, den Namen ins Ohr (beispielsweise „Svenja"), das liegende Kind verrät jedoch nichts.
Als Nächstes betastet das Ratekind das Meerschweinchen unter der Decke. Ist es wirklich Svenja oder doch Anna? Das Ratekind entscheidet sich für einen Namen und flüstert ihn dem liegenden Kind ins Ohr.
Ist der Name richtig, so nickt das liegende Kind, ist er falsch, schüttelt es den Kopf.

Nun gehen alle Ratekinder ein Häuschen weiter, fragen wieder nach Lauten und betasten das Meerschweinchen. Haben alle Ratekinder alle Meerschweinchen besucht, werden die Decken abgenommen. Wie viele Meerschweinchen konnten die Kinder richtig erraten? Schafften sie es schon nach den Lautäußerungen oder erst durch das Ertasten oder gar nicht?

Komm, wir spielen!

Tierspiele

20

Mütter verteidigen ihre Jungen

Spielort: überall

Teilnehmerzahl: ab 13

Material: bunte Wäscheklammern (3 verschiedene Farben), Musik; für die Variante 3 farbige Gegenstände (gleiche Farben wie Wäscheklammern)

Info: *Die Meerschweinchenmutter hat immer ein Auge auf ihre Kinder. Quiekt ein Junges ängstlich, rennt sie sofort zu ihrem Kind. Zwei Verhaltensforscher beobachteten, wie eine Mutter einen Goldhamster wegboxte, als er eines der Jungen biss. Nach längerer Trennung beriechen sich Mutter und Kind ausgiebig an ihren Nasen.*

So geht's:
Bestimmen Sie drei Kinder als Mütter. Jede Mutter zwickt sich eine Wäscheklammer unterschiedlicher Farbe an den Ausschnitt des Oberteils. Jede Mutter hat vier Junge. Diese werden mit der gleichen Farbe wie ihre Mutter gekennzeichnet. Ein weiteres Kind spielt den Goldhamster. Die Mütter begeben sich auf eine Seite des Spielfeldes, die zwölf Jungen auf die gegenüberliegende Seite. Der Goldhamster sitzt etwas entfernt von den Jungen. Schalten Sie nun die Musik ein. Alle krabbeln, fressen, hüpfen oder schnüffeln umher. Nach einer Weile schalten Sie die Musik aus und rufen: „Der Goldhamster schleicht sich heran, das Meerschweinchen quiekt, so laut es kann."

Der Goldhamster krabbelt zu den Jungen und zwickt diese nacheinander leicht mit den Fingern (nicht grob sein!). Wurde ein Junges „gebissen", quiekt es laut nach seiner Mutter. Die Mütter eilen auf allen vieren herbei und schubsen den Goldhamster etwas beiseite (nicht grob sein!). Nun suchen die Mütter nach „ihren Kindern" (gleiche Wäscheklammerfarbe!). Hat eine Mutter ein Kind entdeckt, reibt sie zur Begrüßung ihre Nase an die Nase ihres Kindes. Welche Mutter hat ihre vier Kinder am schnellsten gefunden und begrüßt?

Variante:
Sobald eine Mutter dem 1. Kind einen „Nasenkuss" gegeben hat, folgt dieses der Mutter zum nächsten Kind. Das 2. Kind folgt nach der Nasenbegrüßung seiner Mutter und dem Geschwisterkind zum 3. Kind. Nachdem die Mutter ihr 3. Kind begrüßt hat, folgen alle der Mutter zum 4. Kind. Nachdem auch dieses von der Mutter begrüßt wurde, krabbeln alle Kinder der Mutter hinterher zum anderen Ende des Spielfeldes. Dort spielen und schmusen sie miteinander und freuen sich, dass die „Familie" wieder zusammen ist.

Wer diese Variante als Wettkampf durchführen möchte, lässt das Spielen und Schmusen weg und stellt stattdessen am Spielfeldende (dort, wo sich die Mütter anfangs aufhalten) drei verschiedenfarbige „Zielgegenstände" (= Schlafhäuschen) mit etwas Abstand nebeneinander. Die Farben der Gegenstände entsprechen den Wäscheklammernfarben. Kommt die Mutter mit ihren Jungen angelaufen, steuert sie auf den farblich passenden Gegenstand zu. Die Familie umrundet das „Schlafhäuschen" dreimal, dann legen sich alle nieder. Welche Mutter hat ihre Kinder am schnellsten „im Häuschen"?

Komm, wir spielen!

Tierspiele

21

Welche Ratte bist du?

Spielort: überall

Teilnehmerzahl: ab 4

Material: Augenbinde (beispielsweise Stirnband oder Schal)

Info: *Ratten haben zwar ihre Artgenossen, mögen aber auch den Kontakt zum Menschen. Sie lassen sich gern streicheln und knabbern den vertrauten Menschen als anerkanntes „Rudelmitglied" am Ohr.*
Ratten sehen sich sehr ähnlich, sodass es für den Besitzer gar nicht so einfach ist, seine Tiere zu unterscheiden.

So geht's:
Ein Kind spielt den Rattenbesitzer, zwei weitere Kinder spielen Ratten, und ein Kind wird zum Helfer bestimmt. Dem Besitzer werden die Augen verbunden. Nun versucht er, durch verschiedene Möglichkeiten herauszufinden, wer welche Ratte ist. Hier einige Beispiele:

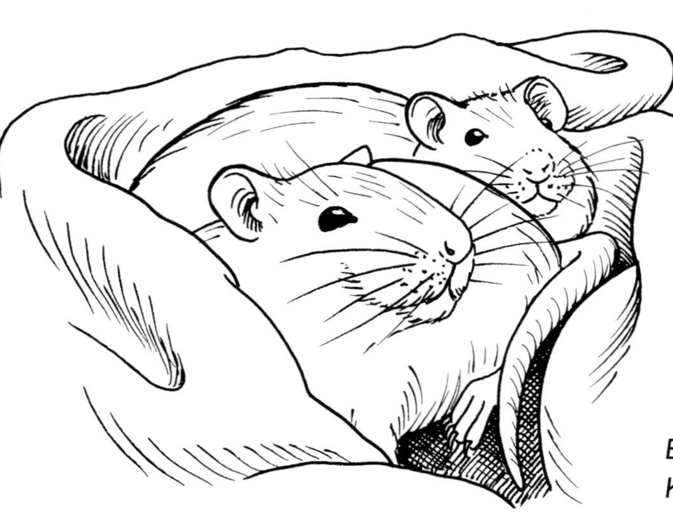

Ratte (R) tritt in Kontakt zum Besitzer (B):
- R knabbert mit Fingern am Ohr von B
- R fährt mit der Hand (= Schwanz) über das Gesicht und den Nacken von B
- R gibt Fressgeräusche von sich
- R reibt ihren Kopf an B
- R läuft mit den Fingern über Kopf, Rücken und Arme von B
- R gähnt laut dem Besitzer ins Ohr

Besitzer (B) tritt in Kontakt zur Ratte (R):
- B streicht mit seinen Fingern über das Gesicht von R
- B fasst R an den Pfoten (Händen) und befühlt die einzelnen Finger
- B riecht an R
- B krault R den Kopf
- B streicht mit den Händen über das Fell (Rücken, Arme, Beine) von R

Tritt der blinde Besitzer in Kontakt zur Ratte, führt das Helferkind die Hände von B.
Am einfachsten ist es, wenn der Besitzer erst mit einer Ratte (beispielsweise mit dem Namen Rolf) in Kontakt tritt, im Anschluss mit der anderen Ratte (beispielsweise mit dem Namen Rosi). Etwas schwieriger ist es, wenn zuerst „Rolf" am Ohr von B knabbert, dann sofort „Rosi" usw. In diesem Fall müssen Sie dem Besitzer immer laut sagen, ob jetzt Rosi oder Rolf etwas tut. Am Ende des Spiels entscheidet sich der Besitzer, wer die Ratte Rolf in Wirklichkeit ist (beispielsweise Tobias) und wer Rosi gespielt hat (beispielsweise Maria).

Tipp: *Fällt es den Kindern sehr leicht, zu erraten, wer welche Ratte ist, bekommt der Besitzer beim nächsten Raten statt zwei Kindern vier Kinder zur Auswahl. Er weiß also vorher nicht, welche der vier Kinder die beiden Ratten spielen.*

22

Ratten flitzen durch den Tunnel

Spielort: überall

Teilnehmerzahl: ab 6

Material: für Variante 3 zwei Augenbinden

So geht's:
Ratten lieben es, durch Tunnel, Röhren usw. durchzuschlüpfen. In diesem Spiel bilden die Kinder verschiedene Tunnel und schlüpfen hindurch.
Beispiele, wie man Tunnel bilden kann:

allein:
- Beine grätschen
- Vierfüßlerstand
- Auf dem Rücken liegend, Füße aufgestellt, Po nach oben
- Füße und Handflächen auf dem Boden, Po nach oben

zu zweit:
- gegenüberliegend, Fußsohlen aneinander
- im Vierfüßlerstand gegenüber, Köpfe aneinander
- im Fersensitz gegenüber, Hände fassen

Ein Kind bildet einen Tunnel (s.o.). Hierdurch schlüpft ein weiteres Kind, stellt sich dahinter ebenfalls auf und bildet einen weiteren „Tunnelabschnitt“. So verfahren auch alle weiteren Kinder. Ist das letzte Kind hindurchgeschlüpft, beginnt das erste Kind wieder, durch den Tunnel zu schlüpfen usw.

Variante 1:
Zwei Kinder werden zu Ratten bestimmt. Die anderen Kinder gehen in den Vierfüßlerstand und bilden einen Kreis, die Gesichter schauen zueinander. Spielen viele Kinder mit, so ist kein oder wenig Abstand zwischen den Tunneln. Nehmen nur wenige Teilnehmer am Spiel teil, sollten die Abstände größer sein, da sonst der Kreis zu klein wird. Die beiden Ratten begeben sich, etwas voneinander entfernt, in den runden Tunnel. Die Ratten wählen sich einen Namen (beispielsweise Lola und Lilly). Nun rufen Sie: „Lola fängt Lilly.“ Lilly flitzt davon, Lola verfolgt Lilly. Hat Lola Schwierigkeiten, Lilly zu fangen, rufen Sie: „Lilly fängt Lola.“ Nun wechselt Lola die Richtung und flüchtet vor Lilly. Falls Lilly es nicht schafft, Lola zu fangen, rufen Sie noch einmal: „Lola fängt Lilly.“ Sie können das Spiel natürlich auch ohne Zuruf spielen.

Variante 2:
Wie Variante 1, nur dass die Kinder sich so aufstellen, dass Zwischenräume entstehen. Während dem Fangen dürfen die Zwischenräume von den beiden Ratten benutzt werden.

Variante 3:
Die beiden Ratten bekommen die Augen verbunden. Die Ratte, die flüchtet, muss hören, von welcher Seite sich die andere Ratte nähert.

Komm, wir spielen!

Tierspiele

23

Wer kann am besten singen?

Spielort: überall

Teilnehmerzahl: ab 4

Material: evtl. Augenbinde (beispielsweise Stirnband oder Schal)

Info: *Unter den Wellensittichen gibt es ausgesprochene Sprachtalente. Sie können 500 Worte, über 300 einfache Sätze und 8 Kinderlieder nachplappern. Wellensittiche gehören zu den wenigen Vögeln, die ein Leben lang neue Laute lernen. Ein Männchen, das am besten den Gesang eines Weibchens imitieren kann, wird vom Weibchen bevorzugt. Weibchen dagegen ahmen den Gesang der Männchen nicht nach.*

So geht's:
Drei Kinder spielen Männchen, ein Kind spielt das Weibchen. Dieses singt eine kurze Melodie. Nacheinander versuchen die Männchen, den Gesang nachzuahmen. Nun vergibt das Weibchen Punkte; bei Unsicherheit kann es sich mit Ihnen beratschlagen. Für den schönsten Gesang gibt es 3 Punkte, für den zweitschönsten 2, für den am wenigsten gelungenen 1 Punkt. Nun erhalten die weniger guten Männchen noch eine zweite Chance. Das Weibchen singt eine weitere Melodie, die alle Männchen der Reihe nach imitieren. Das Weibchen verteilt erneut Punkte. Sieger ist, wer insgesamt die meisten Punkte erhalten hat. Er flattert eine Runde umher, fliegt zu „seinem" Weibchen und umarmt es mit den „Flügeln".

Tipp: *Sollten die Kinder die Punkte mehr nach Sympathie als nach Gesangsqualität vergeben, kann das Weibchen mit verbundenen Augen den männlichen Gesängen lauschen.*

24

Den Ball kicken

Spielort: überall

Teilnehmerzahl: 2

Material: Tisch, pro Paar drei Papierkugeln (etwa 3 cm breit/hoch)

Info: *Gibt man Wellensittichen ein Papierkügelchen oder ein Gitterbällchen zum Spielen, so werden sie mit dem Schnabel genau untersucht und durch die Wohnung „gekickt". Befindet sich die Kugel auf dem Tisch, schubst der Vogel diese eifrig an den Rand und sieht dem Fall aufmerksam zu. Hebt der Besitzer die Kugel wieder auf den Tisch, setzt der Wellensittich das Spiel begeistert fort.*

So geht's:
Ein Kind zerknüllt ein Stück Papier zu einer Kugel und legt diese vor sich auf den Tisch. Nun schubst es diese mit dem Finger (= Schnabel) über den Tisch. Wie viele Stöße werden benötigt, bis die Kugel auf der anderen Seite zu Boden fällt? Nun versuchen die Kinder, die Kugel zu schnalzen. Der Zeigefingernagel liegt auf der Daumenrückseite der gleichen Hand. Nun wird der Zeigefinger kräftig auf die Kugel geschnalzt. Fliegt die Kugel durch Schubsen oder durch Schnalzen weiter?

Variante:
Zwei Kinder sitzen sich gegenüber am Tisch. Ein Kind formt mit seinen Händen ein Tor. Nun versucht das andere Kind (= Wellensittich), mit der Papierkugel ein Tor durch Stupsen oder Schnalzen zu schießen. Schafft der Wellensittich beim ersten Versuch, ein Tor zu schießen? Fällt das Torschießen den Kindern einfach, kann der „Torhüter" mit seinen Händen das Tor verkleinern.

Komm, wir spielen!

Rollenspiele

Einleitung

Spiele zwischen Mensch und Haustier fördern die Bindung zueinander und machen zudem noch Spaß. Da sich Haustiere im Gegensatz zu ihren wilden Vorfahren nicht um Nahrungssuche oder Feinde kümmern müssen, bleibt den Tieren viel Zeit für Beschäftigung und Spiel. Viele Haustiere sind lernfreudig und neugierig, außerdem bleiben sie durch Spiel und Beschäftigung geistig und körperlich fit. Insbesondere für Hunde, die zum Menschen eine besonders innige Verbindung brauchen, und für Katzen ohne Freilauf ist es wichtig, zu spielen. Reinen Wohnungskatzen fehlen die Umweltreize aus der Natur (beispielsweise Jagen, auf Bäume klettern, interessante Gerüche usw.), deshalb muss dieser Mangel vom Menschen durch Spiele und Anregungen ausgeglichen werden.

Alle Rollenspiele, die Sie in diesem Kapitel finden, können mit echten Hunden, Katzen usw. gespielt werden. Durch die Rollenverteilung Mensch und Haustier lernen die Kinder, welche Möglichkeiten es gibt, sich mit Haustieren zu beschäftigen.

Rollenspiele machen nach meiner Erfahrung den allermeisten Kindern sehr viel Spaß. Die Kinder mögen es, auch immer mal wieder ihre eigene Fantasie einzubringen. Sie können sich beispielsweise nach dem eigentlichen Spiel selbst Beschäftigungsideen für das jeweilige Haustier einfallen lassen.

Soweit nichts anderes bei den einzelnen Spielen angegeben ist, gehen die Kinder paarweise zusammen. **Ein Kind spielt immer den Haustierbesitzer (B), das andere Kind das jeweilige Haustier (H = Hund, K = Katze).** Die Spiele können innen oder außen durchgeführt werden.

Spiele mit dem Hund

Um Hunden etwas beizubringen, sind kleine Leckerbissen, auch Leckerchen genannt, sehr effektiv. Jedoch auch Lob, Streicheleinheiten oder das Herausholen des Lieblingsspielzeugs stellen für das Tier eine Belohnung dar. Entscheiden Sie am besten selbst, ob sie bei den Spielen echte Leckerchen, wie beispielsweise Rosinen oder kleine Nüsse, einsetzen oder der Besitzer nur so tut, als ob er einen Happen zur Belohnung hergeben würde.

Slalom durch die Beine

Material: evtl. Leckerchen

So geht's:
B grätscht die Beine, H steht auf allen vieren vor B. B zeigt H hinter seinen Beinen ein Leckerchen. H krabbelt durch die Beine und „frisst" den Happen. Nun führt B ein weiteres Leckerchen in einer Acht um seine Beine herum. Ist H ein paar „Achterbahnrunden" gelaufen, bekommt er die Belohnung.

Variante:
B steht mit Leckerchen (L) in der Hand, H sitzt neben B. B macht nun mit dem rechten Fuß einen Schritt nach vorn. Nun nimmt B das L rasch in die linke Hand und macht mit dem linken Fuß einen Schritt nach vorn. H folgt dem L um das linke Bein herum. Ist der Hund eine Weile Slalom durch die Beine gelaufen, bekommt er den Happen zur Belohnung.

***Tipp:** Dieses Spiel kann auch mit aufgestellten Stangen auf der Wiese oder mit Stühlen, die in einer Reihe stehen, durchgeführt werden.*

Komm, wir spielen!

Rollenspiele

2 Über Hindernisse springen

Material: zwei Stühle, einen Besen oder langen Stab, ein Handtuch

So geht's:
Ein Besen wird über zwei Stühle gelegt und ein Handtuch darüber gehängt (= Hürde). Zunächst bleibt H im Sitz vor der Hürde stehen. Nun steigt B über die Hürde. Dann ruft B den Namen von H (beispielsweise „Kara, hopp"). Kara steigt nun auf allen vieren über das Hindernis. Hat die Hündin das Hindernis überwunden, wird sie ausgiebig gelobt und gestreichelt. Kara kann nun auch im Stehen und mit etwas Anlauf über die Hürde springen.

Variante:
Stellen Sie mehrere Hürden in etwas Entfernung voneinander auf. Die Kinder können nun mehrere Hindernisse hintereinander auf allen vieren übersteigen oder mit etwas Anlauf überspringen.

Tipp: *Sollte die Hürde für jüngere Kinder zu hoch sein, legen Sie den Besenstiel auf niedrigere Gegenstände, wie beispielsweise Schuhschachteln. Ist der Untergrund eher hart, dann legen Sie am besten Turnmatten aus.*

3 Balancieren

Material: ein oder mehrere Turnbänke oder trockenen Baumstamm, Seil als Leine

So geht's:
Führen Sie oder der Besitzer ein Seil unter den Achseln und binden es fest. B führt nun H an der Leine vor die Turnbank und sagt „Sitz". H geht in den Fersensitz. Zur Motivation wird H ein Leckerchen vor die Nase gehalten. H läuft nun auf allen vieren immer dem Leckerchen hinterher über die Bank. Am Ende der Strecke erhält H den Belohnungshappen. Kann H auch rückwärts über die Bank laufen?

Variante:
Schafft es der Hund, auf einer umgedrehten Turnbank zu balancieren? Er könnte im Stehen und auf allen vieren vorwärts und rückwärts laufen.

Komm, wir spielen!

Wo sind die Leckerchen versteckt?

Material: 3 gleich aussehende Behälter (beispielsweise Schachteln) mit zerknülltem Papier darin, Leckerchen

So geht's:
Vor den Augen des Hundes versteckt B einige Leckerchen in einer der drei Schachteln und legt den Deckel darauf. Während B die Behälter einige Male umherschiebt, versucht H sich zu merken, wohin die Schachtel mit den Leckerchen „wandert". Nun gibt B das Kommando zum Suchen. H schnüffelt an allen drei Schachteln und wählt eine aus. Er versucht, mit der „Schnauze" den Deckel von der Schachtel zu stoßen. Dann greift er mit seiner „Pfote" in die Schachtel und sucht, ohne hinzusehen, nach den Leckerchen. Findet er sie, oder muss er in der nächsten Schachtel weitersuchen?

Variante:
H sucht nicht mit der „Pfote", sondern versucht, die Leckerchen mit seinem „Maul" zu erwischen und zu fressen.

Tipp: *Haben Sie keine gleich aussehenden Behälter zur Hand, sieht H beim Verstecken nicht zu. Dann ist es eben Glück, ob er die richtige Schachtel gleich am Anfang erwischt.*

Werfen und Bringen

Material: Säckchen, kleinen Ball oder zusammengeknotete Socke

So geht's:
H sitzt im Fersensitz oder liegt mit aufgestellten Unterarmen am Boden. B wirft nun einen Gegenstand. Erst nach dem Kommando „Bring" darf H losziehen und den Gegenstand holen (wahlweise im Mund oder in der Hand). Ist H bei B angekommen, lobt und krault er seinen Vierbeiner für das Bringen. Bringen („Apportieren") ist eine tolle Leistung vom Hund, denn Hunde wollen naturgemäß ihre „Beute" behalten. Nach dem Lob sagt B „Danke" oder „Aus" und nimmt H den Gegenstand aus dem „Maul".

Variante 1: Bringen mit Verzögerung
Nachdem B den Gegenstand geworfen hat, macht er mit seinem Hund ein paar Gehorsamkeitsübungen, wie „Sitz" (Fersensitz), „Platz" (Fersensitz mit aufgestellten Unterarmen) oder „bei Fuß" (H läuft nah an B eine kleine Runde umher). Dann gibt B die Starterlaubnis durch den Zuruf „Bring".

Variante 2: Mehrere Gegenstände werfen
B wirft einen Gegenstand, dann drehen sich B und H in die entgegengesetzte Richtung. Nun wirft B einen zweiten Gegenstand. B und H drehen sich wieder in die ursprüngliche Richtung. Nachdem B „Bring" gerufen hat, holt H den zuerst geworfenen Gegenstand und gibt ihn B. Anschließend bringt er den zuletzt geworfenen Gegenstand.

Komm, wir spielen!

Rollenspiele

6 Verstecken und Bringen

Material: 3–6 Gegenstände (beispielsweise Bälle, Säckchen, zusammengeknotete Socken), evtl. Leckerchen; für Variante 2 kleine Gegenstände, wie Murmeln oder Streichhölzer

So geht's:
H dreht sich von B weg und wartet brav im „Sitz". B versteckt mehrere Gegenstände an verschiedenen Stellen und kehrt zu H zurück. B schickt H mit dem Befehl „Such" los. Immer wenn H einen Gegenstand gefunden hat, bringt er ihn seinem Herrchen. Bei jedem Herbeibringen wird H überschwänglich gelobt und gestreichelt. Wer möchte, kann ein Leckerchen als Belohnung geben.

Variante 1: Suchen mit Richtungsangabe
B versteckt einen Gegenstand und kehrt zu H zurück. Nun zeigt B mit der Hand und ausgestrecktem Arm in die Richtung, wo der Gegenstand liegt. Nach dem Startzeichen „Such" darf sich H auf die Suche begeben.

Variante 2: Wo hat sich das Herrchen versteckt?
Die Kinder gehen zu dritt zusammen. Während sich B etwas entfernt versteckt, bleibt ein Kind als Helfer bei H. Das Helferkind kann mit H beispielsweise herumbalgen, ihn streicheln oder Pfötchen geben lassen. Nachdem B außer Sichtweite ist, gibt das Helferkind den Befehl „Such das Herrchen (Frauchen)". Hat H seinen Besitzer gefunden, lobt B seinen Vierbeiner ausführlich.

7 Um die Beute kämpfen

Material: Seil oder altes Handtuch, evtl. Leckerchen

So geht's:
B bewegt das Seil ruckartig im Zickzack am Boden entlang. B motiviert H mit spannender Stimme, wie beispielsweise „Fass die Beute" oder „Wo ist die Schlange?". H versucht im Stehen mit einem Fuß oder im Vierfüßler mit einer Hand, das Seil zu erwischen. Hat H den Gegenstand mit der „Pfote" erwischt, kann B mit H ein wenig um die „Beute" kämpfen. B und H ziehen das Seil wie beim Tauziehen hin und her. Nach einer Weile sagt B „Aus", und H muss den Gegenstand loslassen. Im Austausch kann B seinen Vierbeiner ein Leckerchen spendieren.

Komm, wir spielen!

Rollenspiele

Spiele mit der Katze

8

Schnapp die Maus

Material: kleinen Stecken, Schnur, kleinen Gegenstand (beispielsweise Korken)

***Info:** Das Lieblingsspiel vieler und auch unserer Katzen ist das Verfolgen einer Schnur. Katzen lieben es, geduckt auf dem Boden zu lauern und auf den richtigen Augenblick zu warten, herbeizustürmen und die „Maus" an der Schnur mit den Krallen zu packen. Hat die Katze die Beute erwischt, lässt sie meist los und geht erneut in Lauerstellung.*

So geht's:
Binden Sie an einen kleinen Stecken ein Stück Schnur und an diese einen Gegenstand (beispielsweise Korken) als „Maus". Fertig ist die „Katzenangel". Die Kinder können nun verschiedene Möglichkeiten ausprobieren, die „Katzenangel" zu führen. Hat die Katze die „Maus" erwischt, wird sie gelobt. Hier einige Anregungen:

Katzenangel …

- … im Kreis führen
- … im Zickzack bewegen
- … vor der Nase der Katze hoch und tief führen
- … mal langsam, dann wieder schneller bewegen
- … um ein Kissen o.Ä. führen

Variante:
Die Kinder gehen zu dritt zusammen. Ein Kind spielt den Besitzer und sitzt auf einem Stuhl oder auf dem Boden. Etwas entfernt sitzen zu beiden Seiten die Katzen. B pendelt die Angel zwischen den Katzen gleichmäßig hin und her, oder er zieht nach dem Hinpendeln zu einer Katze die Angel ruckartig zurück. Wer berührt oder erwischt die „Maus" am häufigsten mit der „Pfote"? Dieses Spiel habe ich einige Minuten mit unserer und der Katze des Nachbarn gespielt. Beide blieben brav sitzen, und ich hatte den Eindruck, dass sie viel Spaß dabei hatten, nach dem Seil zu schlagen.

Komm, wir spielen!

Rollenspiele

9

Bälle rollen, werfen und fangen

Material: kleineren Ball (beispielsweise Tischtennisball); für Variante 3 Papierbälle

So geht's:
Besonders junge Katzen schieben gerne Bälle durch die Gegend, vor allem dann, wenn diese interessante Geräusche machen. B und K setzen sich auf den Boden und schieben abwechselnd den Ball mit den Händen.

Variante 1:
B rollt den Ball mit den Füßen. Falls die Katze Lust hat, darf sie auch den Ball mit ihren Hinterpfoten" rollen.

Variante 2:
„Squashspielen" gefällt einigen Katzen recht gut. B wirft den Ball gegen eine Wand, die Katze muss den Ball möglichst schnell fangen.

Variante 3:
Eine an die Wand gelehnte Turnmatte bildet das Fußballtor, K sitzt vor dem Tor. B wirft Papierbälle aufs Tor. Kann die Katze den Ball im Flug fangen oder zumindest mit der „Pfote" abschlagen?

10

Einen Vogel fangen

Material: Papierflieger; für Variante Seifenblasen

***Info:** Entdeckt eine Katze einen (kleinen) Vogel, so springt sie hoch in die Luft und befördert mit einem gezielten Tatzenhieb die Beute auf den Boden.*

So geht's:
B und K sitzen etwas voneinander entfernt. B lässt den Papierflieger Richtung Katze starten. K versucht nun, mit einem „Tatzenhieb" den „Vogel" abzuschlagen.

Variante:
B bläst Seifenblasen in die Luft. K springt nach oben und versucht, sie mit der „Pfote" abzuschlagen. Viele Katzen finden die glitzernden Kugeln faszinierend, und insbesondere für Wohnungskatzen sorgen die bunten Glitzerblasen für Abwechslung.

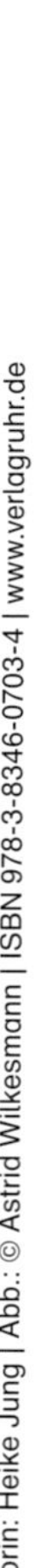

Komm, wir spielen!

Rollenspiele

11

Fliegende Leckerchen

Material: Papierkügelchen

Info: *Eine unserer Katzen ist ganz scharf auf „Leckerli“ (längliche Würstchenstange). Sie kennt genau das Geräusch des Zerreißens der Packung. Selbst wenn sie sich im anderen Zimmer befindet, stürmt sie sofort in die Küche, sobald sie das Geräusch vernimmt. Ein tiefer, fordernder Miau-Laut verrät, dass sie jetzt sofort die Würstchenstücke zugeworfen bekommen möchte.*

So geht's:
Die Kinder zerknüllen Papier zu kleinen Kugeln (= Würstchenstücke). B nimmt diese an sich und stellt sich etwas entfernt vor seine Katze. Sobald K ihren Besitzer konzentriert ansieht, wirft B die erste Kugel in die Richtung von K. Diese versucht, das „Würstchenstück“ in der Luft mit den „Pfoten“ zu fangen und zu Boden zu bringen. Dies schafft unsere Katze ab und zu. Manchmal berührt sie das „Leckerli“ mit einer Pfote in der Luft, und dann fällt es zu Boden. Oft fällt der Happen zu Boden und hüpft davon. So schnell es geht, stürzt sie sich dann darauf. Die Kinder können verschiedene „Fangmethoden“ ausprobieren. Ältere Kinder können auch Punkte verteilen: 3 Punkte gibt es für das Fangen in der Luft, 2 Punkte für das Berühren in der Luft, einen Punkt, wenn das „Würstchenstück“ auf den Boden fällt.

12

Wie angle ich mir ein Leckerli?

Material: Papprolle beispielsweise vom Küchenpapier, etwas Küchenpapier, Schere, Leckerchen (beispielsweise Cashewnüsse); für Variante 1 ein Karton mit zerknülltem Papier

So geht's:
B legt zwei Leckerchen in die Papprolle und verschließt die Enden mit Küchenpapier. Nun werden links und rechts, etwas vom Rand entfernt, zwei zeigefingergroße Löcher mit einer Schere geschnitten. Aufgabe für die Katze ist es nun, die Leckerchen erst mit der einen, dann mit der anderen Hand aus den Löchern zu angeln. Ich persönlich schaffte es nicht, die Nuss direkt mit den Fingern aus dem Loch zu holen (nicht verwunderlich, denn schließlich habe ich keine länglichen Krallen, so wie Katzen!). Ich holte also die Nuss möglichst nah an das Loch heran, drehte dann die Rolle um, sodass die Nuss herausfiel. Vielleicht kommen Ihre „Katzen“ auf andere Ideen oder Tricks?

Variante:
Schneiden Sie zwei größere Löcher in einen Karton, sodass Kinderhände gut durchpassen, und füllen Sie diesen mit zerknülltem Papier und einigen Leckerchen. K muss nun die Leckerchen erfühlen und mit den „Pfoten“ herausholen.

Komm, wir spielen!

Rollenspiele

Spiele mit Kaninchen & Co.

13

Sportliche Kaninchen

Material: 4 beliebige Gegenstände, Stofftunnel oder einige Stühle, Ball, Besenstiel auf 2 Schuhschachteln, Leckerchen (beispielsweise Karottenstück), Teller

Info: *Kaninchen lieben Bewegung. Sie springen gern über Gegenstände, kriechen durch Tunnel, schubsen Bälle an oder strecken sich nach einem Futterstück. Um Kaninchen zu motivieren, lockt der Besitzer die Kaninchen mit Leckerchen.*

So geht's:
Bauen Sie mit den Kindern einen interessanten Parcours auf. Hier ein Beispiel:

Aufbau	Aufgabe der Kaninchen
beliebige Gegenstände hintereinanderlegen	➔ *um die Gegenstände Slalom laufen*
Stofftunnel auf Boden legen oder einige Stühle hintereinanderstellen	➔ *durchkriechen*
Besenstiel auf zwei Schachteln legen	➔ *über „Hürde" springen*
ein paar Kissen etwa 40 cm entfernt auf den Boden legen	➔ *von Kissen zu Kissen springen*
ein oder zwei Reifen bereitlegen	➔ *B hält Reifen fest, K springt durch*
Ball bereitlegen	➔ *K stößt Ball mit dem Kopf an*
Leckerbissen (beispielsweise Karottenstück) an einer Schnur geknotet auf einem Teller bereitlegen	➔ *K streckt sich nach dem Leckerbissen, den B vor K auf und ab baumeln lässt*

Mit einem Leckerchen in der Hand, kann B sein Kaninchen motivieren, den Parcours zu durchlaufen.

Komm, wir spielen!

Rollenspiele

14

Dreh dich, mein Meerschweinchen

Material: Karotten- oder Gurkenstück oder andere „Belohnung"

Info: *In einem Video im Internet (https://www.youtube.com/watch?v=IE13XgZvZ98) zeigt eine Frau, wie sie den „Dreh-dich-Trick" ihrem Meerschweinchen beigebracht hat. Zunächst lässt sie das Meerschweinchen ein Stück Gurke aus der Hand fressen. Dann führt sie die Gurke langsam im Kreis herum und ruft dabei: „Dreh dich." Das Meerschweinchen folgt dem Geruch der Gurke und dreht sich im Kreis. Nun darf das Meerschweinchen die Gurke fressen und wird gelobt. Nach etwas Übung dreht sich das Meerschweinchen nur auf den Zuruf „Drehdich", ohne dass ein Gurkenstück im Kreis herumgeführt wird.*

So geht's:
Oben erläuterten Trick können die Kinder in einem Rollenspiel nachspielen. Vielleicht haben die Kinder weitere Ideen, was man einem Meerschweinchen beibringen kann. Bewegt man beispielsweise ein Futterstück vor dem Tier langsam nach oben, stellt es sich auf die Hinterbeine und macht „Männchen", um den Leckerbissen zu erwischen.

15

Murmelspiel mit dem Wellensittich

Material: 2 Glasmurmeln, evtl. Gegenstände, um das Spielfeld zu begrenzen

Info: *Mit Glasmurmeln können sich Wellensittiche längere Zeit beschäftigen, ohne dass es ihnen langweilig wird. Sie stoßen sie mit dem Schnabel gegeneinander und freuen sich an den Geräuschen.*

So geht's:
Zwei Kinder sitzen sich gegenüber auf dem Boden, jedes hat eine Murmel vor sich. Nun stößt ein Kind die Murmel mit dem Finger an und versucht, die andere Murmel zu treffen. Hat es das geschafft, stößt das andere Kind seine Murmel und versucht, zu zielen. Hier einige Möglichkeiten, wie die Kinder ihre Murmeln anstoßen können:

- mit verschiedenen Fingern der rechten und der linken Hand
- mit der Nase (= Schnabel)
- mit dem Handrücken
- mit den Füßen
- mit dem Knie
- mit einem Lineal oder anderen Gegenständen

Komm, wir spielen!

Rollenspiele

16

Badespaß mit Ratten

Material: Gefäß (beispielsweise Auflaufform, große Pfanne), Wasser, Paprikastückchen, evtl. Mais, 2 leere Teller, evtl. Zeitungen, Plastiktischdecke o.Ä. zum Unterlegen

***Info:** Ein beliebtes Spiel für Heimtierratten ist das Herausangeln von Gemüsestückchen aus einem mit Wasser gefüllten Gefäß. Die meisten Ratten stehen auf dem Gefäßrand und versuchen, mit ihrer Pfote ein Futterstück zu angeln, ohne sich nass zu machen. Manche Ratten steigen auch direkt ins Wasser hinein, tauchen ihr Näschen etwas unter und schnappen sich das Futter mit dem Maul.*

So geht's:
Füllen Sie ein flacheres Gefäß 2–4 Zentimeter hoch mit Wasser, und streuen Sie klein geschnittene Paprikastückchen hinein. Für die schönere Optik können Sie noch ein paar Maiskörner hineingeben. Links und rechts neben dem Gefäß stellen Sie jeweils einen leeren Teller. 2–4 Kinder spielen Ratten und sitzen um das Gefäß herum. Eine Hand jeder Ratte liegt auf dem Gefäßrand auf. Nun versucht die Ratte, mit ihrer „Pfote" ein Gemüsestückchen aus dem Wasser zu angeln, und legt es auf den leeren Teller. Die Ratte probiert neben dem gewohnten Zeigefinger auch, mit einzelnen anderen Fingern der linken und der rechten Hand ein Stückchen zu angeln. Etwas schwieriger ist es, das Stückchen mit Zeigefinger und Mittelfinger gleichzeitig oder mit Mittelfinger und Ringfinger zu ergreifen. Haben die Kinder weitere Ideen, wie man die Stückchen mit den „Vorderpfoten" herausangeln kann?

Variante 1:
Füllen Sie das Gefäß nur mit sehr wenig Wasser, sodass der Boden gerade noch bedeckt ist. Wer schafft es, ein Paprika- oder Maisstückchen mit dem Mund herauszuholen?

Variante 2:
Die Ratten angeln die Gemüsestückchen mit den „Hinterpfoten". Die Kinder ziehen Schuhe und Strümpfe aus und versuchen, mit ihren Zehen die Futterteile herauszuholen. Damit die Zehen nicht auskühlen, können Sie warmes Wasser verwenden.

Tier-Massagen

- → Grundlagen
- → Massagen zu zweit
- → Massagen für Dreier- bis Fünfergruppen

Tier-Massagen

Grundlagen

Massagen vorbereiten

Da nicht alle Kinder mit Massage vertraut sind, ist es zu Beginn sinnvoll, den Kindern die unten beschriebenen Massagetechniken zu zeigen. Hierfür legt sich ein freiwilliges Kind auf eine Matte oder Decke. Findet die Massage im Klassenzimmer statt, können auch die Schulbänke als „Massagetische“ verwendet werden. Sie und die anderen Kinder setzen bzw. stellen sich um das liegende Kind. Nun zeigen Sie die Berührungsmöglichkeiten, und auch die Kinder probieren sie aus.

Das liegende Kind wird zwischendurch immer wieder gefragt, ob es ihm gefällt. In aller Regel wollen die meisten Kinder einmal in der Mitte liegen, sodass durchgewechselt wird. Bei jüngeren Kindern ist es empfehlenswert, die Massagen zuerst mit der ganzen Gruppe zu erproben. Erst wenn die Massagen den Kindern inhaltlich vertraut sind, sind sie in der Lage, selbstständig zu massieren. Natürlich sollten sich die Kinder regelmäßig abwechseln.

Massagetechniken

- kneten, d.h. die Muskeln mit den Fingern zusammenschieben
- streichen, mit der ganzen Handfläche, kräftig oder sanft
- drücken, beispielsweise mit Handfläche, Faust oder Daumen
- zupfen, mit Daumen und Zeigefinger oder mit allen Fingern
- „laufen“, mit allen Fingern wie mit Beinen in eine Richtung laufen
- „hüpfen“, dabei die Finger einer Hand auf und ab bewegen
- klopfen, mit der flachen Hand oder leicht mit der Faust
- trommeln, mit den Fingern der rechten und der linken Hand im Wechsel
- kitzeln, sanft mit Fingern über ein Körperteil fahren

Achtung: *Achten Sie darauf, dass die Kinder keine Bewegungen machen, die anderen wehtun. Bei der Massage sollte der Wirbelsäulenbereich ausgespart bleiben.*

Tier-Massagen

Massagen zu zweit

Der sportliche Hamster

1

Massierte Körperteile: Rücken, Nacken, Kopf

Ausgangsposition: Zwei Kinder sitzen hintereinander und blicken in die gleiche Richtung; das vordere Kind wird massiert. Die Hand des hinteren Kindes steckt unter dem Oberteil des vorderen Kindes (= Häuschen).

Text	Bewegungen
Abends wird der Hamster wach, flink schlüpft er aus seinem Häuschen, ganz ohne Krach.	→ *Hand hervorholen und mit den Fingern über den Rücken laufen*
Still und leise, aber froh, macht er schnell aufs Hamsterklo. Pss, pss, pss … !	→ *bei „pss" mit dem Daumen auf den Rücken drücken*
Nun frisst er froh und munter und klettert geschwind eine Leiter hoch und runter.	→ *mit den Fingern am Kopf, Nacken und Rücken zupfen – vom Po zum Kopf und wieder zurücklaufen*
Ausführlich putzt er jetzt sein Fell, doch plötzlich hört er Lärm, „brumm, brumm", und versteckt sich schnell.	→ *über Kopf, Nacken und Rücken streichen, „brumm, brumm" dem sitzenden Kind ins Ohr rufen – Hand unter dem Oberteil verstecken*
In seinen Backentaschen bringt er Futter in ein Versteck, doch schon läuft er wieder weg.	→ *mit den Fingern am Rücken drücken, dann über den Rücken laufen*
Weißt du, was er am liebsten mag? Es ist sein großes Hamsterrad.	→ *große Kreise auf den Rücken malen*
Flott dreht er ein paar sportliche Runden, in der Woche sind es wohl viele Stunden.	→ *schnell hintereinander große Kreise malen*

Tier-Massagen

Massagen zu zweit

Beim Tierarzt

2

Massierte Körperteile: gesamter Körper

Ausgangsposition: Ein Kind spielt den Hund (H), das andere Kind den Tierarzt, der den Hund behandelt und massiert.

Text	Bewegungen
Peppo, ein älterer Schäferhund, ist heute beim Tierarzt. Er kann mit seiner Vorderpfote nicht mehr auftreten und kommt hinkend ins Behandlungszimmer.	→ *H läuft auf zwei Füßen und einer Hand, die andere Hand (= verletzte Pfote) hängt in der Luft*
Der Tierarzt untersucht die verletzte Pfote. Ein spitzer Dorn steckt darin. Der Tierarzt versucht, den Dorn mit einer Pinzette herauszuziehen. Ein Glück, geschafft!	→ *H im Fersensitz: Hand abtasten – an der „verletzten" Hand zupfen*
Jetzt untersucht er die anderen Pfoten. Sie sind alle sehr rissig. Er cremt alle Pfoten mit einer Salbe ein.	→ *andere Hand und beide Fußsohlen abtasten – mit den Fingerspitzen an Händen und Füßen kreisende Bewegungen ausführen*
Nun sucht der Tierarzt das Fell nach Zecken ab. Am Rücken hat sich eine Zecke mit Blut vollgesaugt. Mit einer Zeckenzange ergreift der Tierarzt die Zecke und dreht sie heraus. Der Tierarzt findet noch drei weitere Zecken.	→ *mit den Fingern über den gesamten Körper streichen – mit Daumen und Zeigefinger (= Zeckenzange) kleine Drehbewegungen ausführen (3-mal wiederholen)*
Jetzt muss Peppo noch geimpft werden. Der Tierarzt piekst Peppo mit einer Spritze in den Po. Brav gemacht, Peppo! Nun träufelt der Arzt ein Medikament gegen Würmer auf den Nacken.	→ *mit einem Finger am Po drücken und „pieks" rufen – „Peppo" über den Kopf streicheln – mit den Fingern am Nacken reiben*
Zum Abschluss bekommt der Hund noch eine schöne Massage, weil er so brav gewesen ist.	→ *den Kopf kraulen, Rücken, Beine und Arme ausstreichen, Rücken kneten usw.*

Tier-Massagen

Massagen zu zweit

Die kleine Schmusekatze

3

Massierte Körperteile: Kopf, Rücken, Schultern, Bauch, Arme, Beine

Ausgangsposition: Ein Kind liegt auf dem Bauch, das andere kniet daneben.

Text	Bewegungen
Kitty, die kleine Katze ist in Schmuselaune. Sie liegt entspannt in ihrem Körbchen. Svenja sitzt neben ihr und streichelt ihr über das Fell. Das gefällt Kitty, stimmt's?	➔ *mit beiden Händen im Wechsel über den Kopf und den Rücken streichen – das liegende Kind „miaut", wenn es ihm gefällt*
Nun krault Svenja die Katze hinter den Ohren. Sanft massiert sie die kleinen Schultern.	➔ *hinter den Ohren kraulen – Schultern sanft kneten*
Jetzt dreht sich Kitty auf den Rücken. Svenja streichelt die Katze unter dem Kinn … und dann am Bauch.	➔ *auf den Rücken drehen, Hände und Beine heranziehen – unter dem Kinn kitzeln, über den Bauch streichen*
Nicht alle Katzen mögen es, an den Pfoten gestreichelt zu werden. Doch Kitty gefällt das. Sanft streichelt Svenja die Vorderpfoten … dann die Hinterpfoten.	➔ *über die Arme streichen, dann über die Beine*
Nun wälzt sich Kitty zufrieden hin und her. Sie kommt auf alle viere und macht einen Katzenbuckel. Als Dankeschön leckt sie Svenja die Hand und miaut freundlich.	➔ *auf dem Rücken hin und her wälzen – in den Vierfüßlerstand kommen, Rücken nach oben wölben – Leckbewegungen an der Hand des „Masseurs", miauen*

Tier-Massagen

Massagen zu zweit

Haustiere pflegen ihr Fell

4

Massierte Körperteile: Kopf, Rücken, Schultern, Arme, Hände

Ausgangsposition: Zwei Kinder sitzen nebeneinander oder sich gegenüber.

Material: für jedes Paar einen Stift, ein feuchtes Tuch, eine Haarbürste oder Kamm

Info: *Alle Haustiere, die ein Fell haben, pflegen ihr Fell mit der Zunge, den Zähnen und/oder den Krallen. Chinchillas, Ratten und Kaninchen (Meerschweinchen nicht!) putzen sich das Fell gegenseitig. Bei manchen Tieren, wie langhaarigen Hunden, Katzen oder Langhaarmeerschweinchen, muss der Mensch mit Bürste und/oder Kamm nachhelfen.*

Text	**Bewegungen**
Um 4 Uhr nachmittags putzen sich im Tierheim gerade einige Tiere ihr Fell. Eine schwarze Katze schleckt mit ihrer Zunge ausgiebig ihre Pfoten.	→ *jeder für sich: mit dem Mund (mit oder ohne Zunge) über die eine, dann über die andere Hand reiben bzw. schlecken*
Ein Dackel beknabbert sein verklebtes Fell. Dann kratzt er sich hinter den Ohren und am Hals.	→ *jeder für sich: mit den Zähnen die Arme und Hände beknabbern – mit den Fingern hinter den Ohren und am Hals kratzen*
Eine Ratte krault mit ihrer Pfote den Rücken der anderen Ratte.	→ *hintereinandersetzen: hinteres Kind fährt mit den Fingernägeln über den Rücken des vorderen Kindes (Rollentausch)*
Eine Chinchilla knabbert mit ihren langen Nagezähnen am Fell des anderen Tieres. Mmh, tut das gut!	→ *mit dem Stift über Hinterkopf, Schultern, Arme und Rücken des anderen Kindes fahren (Rollentausch)*
Ein weißes Kaninchen schleckt dem anderen über das Gesicht, den Hals und die Pfoten.	→ *mit dem feuchten Tuch dem anderen Kind über Gesicht, Hals und Hände streichen (Rollentausch)*
Das zottelige Langhaarmeerschweinchen wird gerade von einem Tierpfleger gebürstet (gekämmt). Er versucht, die Fellknoten am Kopf aufzulösen. Dann bürstet (kämmt) er das Rückenfell.	→ *mit der Bürste (Kamm) vorsichtig die Haare des anderen Kindes kämmen – mit der Bürste über den nackten Rücken fahren (Rollentausch)*

Tier-Massagen

Massagen für Dreier- bis Fünfergruppen

Kaninchen hoppeln umher

1

Massierte Körperteile: gesamte Körperrückseite

Ausgangsposition: Ein Kind liegt auf dem Bauch, 2 andere Kinder knien neben dem Oberkörper und behandeln die ihnen zugewandte Seite.

Text	Bewegungen
Moppel, das kleine Kaninchen, hoppelt über die Wiese.	→ *mit den Fingern über den Rücken und den Po hüpfen*
Jetzt bleibt es stehen und knabbert an einer Karotte. Mmh, lecker!	→ *zum Ohr hüpfen und das Ohr leicht kneten*
Neugierig schnuppert Moppel mit seinem Näschen in der Heuraufe. Hungrig kaut es auf einem Heuhalm herum.	→ *mit den Fingern über die Kopfhaut streichen – an einzelnen Haarbüscheln vorsichtig ziehen*
Zufrieden hoppelt Moppel zu einem Erdhaufen. Mit Feuereifer gräbt es ein tiefes Loch.	→ *mit den Fingern über den Rücken zum Po (= Erdhaufen) hüpfen – Hände schnell im Wechsel über den Po streichen*
Das hat riesigen Spaß gemacht! Das Kaninchen hoppelt flink über einen großen Sandhaufen. Mit seinen Pfoten schaufelt es den ganzen Sand weg.	→ *mit den Fingern über die Beine (= Sandhaufen) hüpfen – Hände schnell im Wechsel über das Bein streichen*
Plötzlich hört Moppel Hundegebell. „Wau-wau …“ Schnell trommelt er mit seinen Hinterbeinen auf den Boden, um die anderen zu warnen. Blitzschnell rennt er zu seinem Häuschen und versteckt sich.	→ *„wau-wau …“ rufen – mit den Handflächen im Wechsel auf Fußsohle, Bein, Po und Rücken trommeln – mit den Fingern über den Körper laufen – Hand unter dem Oberteil verstecken*
Vorsichtig kommen die Kaninchen aus ihren Verstecken heraus. Sie rennen munter über die Wiese und machen immer wieder Luftsprünge.	→ *Hand hervorholen – mit den Fingern über den Rücken laufen, mit der Faust über Rücken, Po, Beine und Fußsohle klopfen (= Luftsprünge)*

Tier-Massagen

Massagen für Dreier- bis Fünfergruppen

Alle Wellensittiche fliegen hoch

2

Massierte Körperteile: gesamter Körper

Ausgangsposition: Die Hälfte der Kinder spielen die Wellensittiche (W), die andere Hälfte die Kinder (K). Letztgenannte knien in einem kleinen Kreis, das Gesicht voneinander abgewandt, die Wellensittiche stehen im Raum verteilt.

Text	Bewegungen
Wie schön! Die Wellensittiche haben gerade Freiflug. Sie fliegen einige Runden durchs Zimmer.	→ *W breiten Arme aus und laufen durcheinander*
Achtung! Jetzt landen die Vögel auf den Köpfen der Kinder. Fröhlich zwitschern sie ein Lied.	→ *eine Hand spielt den Wellensittich und landet auf einem der Köpfe – W zwitschern*
Fröhlich laufen die Wellensittiche mit ihren spitzen Krallen auf den Köpfen der Kinder umher. Neugierig knabbern sie an den Haaren.	→ *mit den Fingerspitzen über den Kopf laufen – Haare mit Fingern ergreifen und ein wenig daran ziehen*
Nun fliegen die Wellensittiche noch einmal durchs Zimmer. Hui, macht das Spaß! Nach einer Weile landen sie auf den Schultern der Kinder.	→ *fliegen wie oben – eine Hand (= W) landet auf einer Schulter*
Frech knabbern sie an einem Ohr. Nun wandern sie über die Brust zur anderen Schulter. Auch das andere Ohr schmeckt lecker. Jetzt fliegen sie wieder umher.	→ *Ohr leicht kneten – mit Fingern über die Brust zur anderen Schulter laufen – anderes Ohr leicht kneten – fliegen wie oben*
Hurra! Ein schöner großer Kletterbaum steht im Zimmer. Die Vögel landen darauf und klettern geschickt an den Ästen entlang.	→ *K stehen auf und spielen den Kletterbaum – Hand (= W) landet auf dem „Kletterbaum", mit den Fingern über den Körper laufen*
Um ihren Schnabel abzuwetzen, nagen die Wellensittiche an den Zweigen. Gut gelaunt fliegen alle Wellensittiche wieder umher.	→ *K breiten Arme (= Zweige) aus, W zupfen mit den Fingern daran – fliegen wie oben*

Tier-Massagen

Massagen für Dreier- bis Fünfergruppen

3

Flitzende Ratten

Massierte Körperteile: Hände, Arme, Schultern, Rücken

Ausgangsposition: Ein Kind sitzt auf dem Boden; ein Kind kniet neben einem Arm, der andere Masseur neben dem anderen Arm.

Text	Bewegungen
Am Abend ist Rosi, die kleine Ratte besonders munter. Geschwind flitzt sie eine Strickleiter hoch und wieder runter.	→ *mit den Fingern mehrmals über die Hand, den Arm und die Schulter laufen*
Eifrig nagt sie an ihrem Holzhäuschen.	→ *an verschiedenen Stellen des Armes zupfen*
Voller Tatendrang gräbt Rosi in ihrer Buddelkiste.	→ *Hände im Wechsel über den Arm und den Rücken streichen*
Wie schön! Heute steht eine Wasserschüssel im Käfig. Fröhlich paddelt die kleine Ratte im Wasser umher.	→ *auf Arm, Schulter und Rücken trommeln (= paddeln)*
Rosi setzt sich auf eine Holzschaukel. Munter schaukelt sie hin und her.	→ *zur Hand laufen, diese ergreifen und sanft hin- und herschaukeln*
Jetzt hat Rosi eine Wippe entdeckt. Sie läuft auf der Wippe auf und ab. Hui, ist das aufregend!	→ *mit den Fingern von der Hand Richtung Schulter laufen (Arm des sitzenden Kindes hebt sich), beim Zurücklaufen senkt sich der Arm wieder usw.*
Die kleine Ratte schlüpft nun in eine enge Röhre. Darin läuft sie rauf und runter. Dann rennt sie in einem großen Tunnel umher. Rosi hat großen Spaß!	→ *Finger in den Ärmel stecken, Richtung Schulter und zurück laufen – Finger unter das Oberteil stecken, am Rücken auf und ab laufen*

Tier-Massagen

Massagen für Dreier- bis Fünfergruppen

Im Zoogeschäft, da ist was los

Massierte Körperteile: Kopf, Schulter, Arme, Brust, Bauch

Ausgangsposition: Ein Kind liegt auf dem Rücken, zwei andere Kinder knien neben dem Oberkörper.

Text	Bewegungen
Jonas und sein Vater schauen sich im Zoogeschäft um. Viele bunte Fische schwimmen kreuz und quer durchs Aquarium. Mal tauchen sie zum Grund, dann wieder zur Wasseroberfläche.	→ *mit den Fingern kreuz und quer über den Oberkörper streichen – zwischen Bauch (= Grund) und Kopf (= Wasseroberfläche) hin- und herstreichen*
Jonas deutet auf eine Echse. Diese sonnt sich unter einer Lampe. Ihr wird ganz warm. Der Pfleger kommt und streichelt sie am Hals. Nun schnappt sich die Echse Fliegen, Grillen und eine Heuschrecke.	→ *mit den Händen den Oberkörper rubbeln – unter dem Kinn kitzeln – mehrmals am Oberkörper zupfen, Fressgeräusche*
„Guck mal, Jonas", ruft der Vater, „im Terrarium krabbelt eine Schildkröte. Ganz langsam bewegt sie sich voran. Mit ihren Hinterbeinen gräbt sie ein Loch. Jetzt legt sie sogar Eier hinein. Das ist ja wirklich sehr interessant."	→ *sehr langsam mit den Fingern über Schultern, Arme und Bauch laufen – Hände im Wechsel über den Bauch streichen (= graben) – an verschiedenen Stellen sanft drücken (= Eier ablegen)*
Jonas und sein Vater schauen nun zwei Chinchillas im Käfig an. Sie springen von Brett zu Brett. Ein Pfleger gibt ihnen einen Leckerbissen zum Fressen. Dann streichelt er die Chinchillas am Kopf. Übermütig wälzen sich nun die Tiere im Sand.	→ *Finger hüpfen über den Oberkörper – Finger vor den Mund halten (liegendes Kind macht Fressgeräusche) – kreisende Bewegungen an der Kopfhaut ausführen – Hände an die Hüfte legen und den Körper sanft hin- und herschaukeln*
Jonas und sein Vater wollen sich eine Schildkröte kaufen. Welches Haustier hättet ihr am liebsten?	→ *Antworten der Kinder abwarten*

© cynoclub – Fotolia.com

Schmetterlingsbuntbarsch

© henryart – Fotolia.com

Bartagame

© Virginie Soucaze – Fotolia.com

Chinchilla

© namahage – Fotolia.com

Frettchen

© Eric Isselée – Fotolia.com

Hamster

© Dominik Pfau – Fotolia.com

Hund

© Eve – stock.adobe.com

Kaninchen

© jerome Dillard – Fotolia.com

Katze

© Carola Schubbel – Fotolia.com

Meerschweinchen

© Igor Normann – Fotolia.com

Ratte

© dule964 – stock.adobe.com

Schildkröte

© dieter76 – stock.adobe.com

Wellensittich

Biografien

Zur Autorin

Heike Jung wurde 1966 in Fürth geboren, ist seit 1992 verheiratet und hat zwei schulpflichtige Kinder.

Nach dem Abitur und einem sechsmonatigen Auslandsaufenthalt in den USA und Costa Rica hat sie an der Fachhochschule Sozialwissenschaften, Wirtschaft und Recht studiert und im Anschluss für die Deutsche Telekom gearbeitet.

Durch die eigenen Kinder inspiriert, erwarb Heike Jung ihren Übungsleiterschein beim Bayer. Landessportverband und besuchte verschiedene Fortbildungen im Bereich der Bewegungserziehung für Kinder und Erwachsene. Einige Jahre bot sie Fitness- und Wirbelsäulengymnastikkurse für Erwachsene an. Seit über 15 Jahren ist sie Dozentin an der Volkshochschule Fürth für „Eltern- und Kind-Turnen".

Zwei Jahre betreute Heike Jung eine Kinderwaldgruppe des Bundes Naturschutz in Fürth. Der Wald als kreatives Betätigungsfeld begeisterte Heike Jung so sehr, dass sie sich entschloss, weitere Kurse im Wald auch für jüngere Kinder anzubieten.

Seit 2003 leitet sie den VHS-Kurs „Die Waldmäuse: Kindgerechte Spiele und Aktivitäten im Wald für Kinder im Vorschulalter". Mehrmals jährlich organisiert sie Walderlebnisausflüge für Familien und Kindergärten und veranstaltet Fortbildungen.

2007 veröffentlichte sie ihr erstes Buch *„Kinder lernen Waldtiere kennen"* (Best.-Nr. 60244), 2008 folgte das zweite Buch *„Kinder lernen Tiere aus Feld und Wiese kennen"* (Best.-Nr. 60359) und das dritte – *„Kinder lernen Tiere an Teichen und Bächen kennen"* (Best.-Nr. 60552). Zu den genannten Büchern sind *Fotokarten mit Sachinfos* (Best.-Nr. 60432, 60433, 60553) erhältlich. Im Jahr 2009 erschienen die Bücher *„Kleine Schnecke, roll dich ein! Bewegungsgeschichten zur Motorikförderung und Körperwahrnehmung"* (Best.-Nr. 60478) und *„Kleine Raupe, kribbel mich! Massagegeschichten und Spiele zur Körperwahrnehmung"* (Best.-Nr. 60539).

Alle Titel sind im Verlag an der Ruhr erschienen.

Zur Illustratorin

Astrid Wilkesmann zeichnet leidenschaftlich gerne seit ihrer Kindheit. Schon früh hatte sie vor, ihr Hobby eines Tages zum Beruf zu machen. Nach einem Umwelttechnik-Studium und der Geburt ihrer zwei Kinder verwirklichte sie schließlich ihren Wunsch. Seit mehreren Jahren illustriert sie nun Unterrichtsmaterialien und arbeitet als Kursleiterin an der Jugendkunstschule in Hameln.

Lösungen

Bilderquiz-Seiten

➔ **Aquarienfische (S. 15/16):**
1a | 2a | 3b | 4b

➔ **Chinchilla (S. 24/25):**
1a | 2a | 3b | 4b

➔ **Echse (S. 33/34):**
1b | 2b | 3a | 4a

➔ **Frettchen (S. 42/43):**
1a | 2a | 3b | 4a

➔ **Hamster (S. 51/52):**
1b | 2a | 3a | 4b

➔ **Hund (S. 60/61):**
1b | 2a | 3b | 4a

➔ **Kaninchen (S. 69/70):**
1a | 2b | 3a | 4a

➔ **Katze (S. 78/79):**
1b | 2a | 3b | 4a

➔ **Landschildkröte (S. 87/88):**
1a | 2b | 3a | 4b

➔ **Meerschweinchen (S. 96/97):**
1a | 2a | 3b | 4a

➔ **Ratte (S. 105/106):**
1a | 2a | 3a | 4b

➔ **Wellensittich (S. 114/115):**
1b | 2a | 3a | 4b

Textquiz-Seiten

➔ **Aquarienfische (S. 17):**
1a, c | 2b | 3a, b | 4b | 5a, c | 6b, c | 7c

➔ **Chinchilla (S. 26):**
1c | 2a, b | 3b | 4b, c | 5a, b | 6c | 7a

➔ **Echse (S. 35):**
1b | 2a, b | 3a | 4b, c | 5b | 6a, c | 7b, c

➔ **Frettchen (S. 44):**
1b, c | 2c | 3b | 4a | 5a, c | 6b, c | 7a

➔ **Hamster (S. 53):**
1a, b | 2b | 3c | 4a, b | 5a | 6b, c | 7b

➔ **Hund (S. 62):**
1a, c | 2b, c | 3a | 4c | 5a | 6b | 7c

➔ **Kaninchen (S. 71):**
1b, c | 2c | 3a | 4b | 5b | 6a, b | 7b

➔ **Katze (S. 80):**
1a | 2a, c | 3a | 4b | 5b, c | 6a, b | 7c

➔ **Landschildkröte (S. 89):**
1c | 2b, c | 3a | 4c | 5a | 6b | 7c

➔ **Meerschweinchen (S. 98):**
1b, c | 2a, b | 3a, c | 4a, b | 5c | 6a, b | 7a, b

➔ **Ratte (S. 107):**
1a, c | 2b, c | 3b | 4a | 5c | 6a, b | 7a

➔ **Wellensittich (S. 116):**
1a, b | 2b, c | 3a | 4a, b | 5a, b | 6b, c | 7a

Notizen